U0031171

徐徹　陳泰雲　著

中國民間崇拜文化叢書

民間百神

中和出版
OPEN PAGE
中

出版說明

　　「中國民間崇拜文化叢書」包含《佛界百佛》《道界百仙》《冥界百鬼》《民間百神》4 冊，由中國著名晚清史、現代史學者徐徹先生所著，是當下少有的關於中國民間宗教信仰和崇拜文化的系統性研究作品。

　　《佛界百佛》共 7 章，分為：佛陀部、菩薩部、觀音部、諸天部、明王部、羅漢部、高僧部。

　　《道界百仙》共 10 章，分為：創世神、天尊神、星宿神、遊仙神、真人神、護法神、佑民神、居家神、山澤神、匠作神。

　　《冥界百鬼》共 8 章，分為：鬼王部、鬼帥部、鬼吏部、鬼煞部、鬼卒部、情鬼部、善鬼部、惡鬼部。

　　《民間百神》共 7 章，分為：信仰神、歡樂神、情感神、吉祥神、護衛神、行業神、自然神。需要特別說明的是，民間崇拜中的「百神」，不少與其他信仰崇拜同源或交會，因而

本冊所列的一百位民間崇拜神祇形象中有一部分與上述三冊有所重疊。作者對這部分形象進行了重新分類，並做了更詳盡的補充。

本系列叢書引證詳實、邏輯清晰、語言流暢，對於各位對中國民間崇拜和傳統文化抱有濃厚興趣的讀者，具有極高的學習和收藏價值。

香港中和出版有限公司編輯部

目　錄

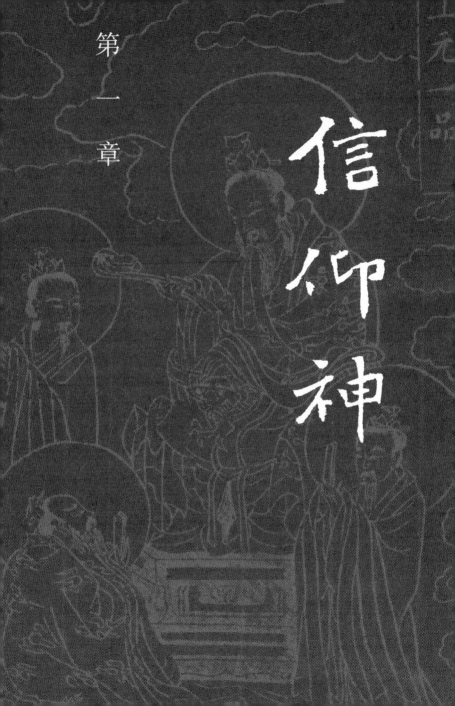

第一章

信仰神

始祖炎帝

傳說為遠古時期部落首領，與黃帝同為中華民族的始祖。又稱赤帝、烈山氏，一說即神農氏或神農氏的子孫。炎帝的母親是誰？史傳有兩個說法。

第一個說法，其母為有嬌氏。《國語·晉語》記載：「昔少典氏娶於有嬌氏，生黃帝、炎帝。黃帝以姬水成，炎帝以姜水成。」這是說，有熊國的國君少典娶妻有嬌氏，有嬌氏生了兩個兒子，一個是黃帝，一個是炎帝。黃帝成長於姬水之濱，炎帝成長於姜水之濱。於是，黃帝為姬姓，炎帝為姜姓。

第二個說法，相傳其母名女登。女登一日遊華陽，被神龍繞身，感應而孕，生下炎帝。炎帝的長相奇特。傳說炎帝人身牛首，頭上有角。史家分析，說炎帝長了個帶角的牛首，是古代以牛為其氏族圖騰的一個形象反映。尊重牛，很可能是因為牛作為生產工具的重要組成部分，進入了農業生產領域。這就標誌着此時的社會，很可能已經由漁獵時代轉向了農耕時代。炎帝是這個轉型時代的一個形象的代表。

為甚麼叫炎帝？炎帝生於烈山石室，長於姜水，有聖德，以火德王，故號炎帝。炎帝的出生地，至今沒有定論。事實上，炎帝是一個傳說中被神化了的人物。

炎帝是個神仙，與平常人完全不同。炎帝少而聰穎，三天能說話，五天能走路，三年知稼穡之事。炎帝是中國農耕文化的創始者。傳說，炎帝是個具有多方面才能的神仙。

他是農業神。他得到上天的幫助，教給百姓農耕技術。「神農之時，天雨（落下）粟，神農遂耕而種之」；缺乏雨水，他教授鑿井技術。「九井自穿」，井水汩汩而出；缺少工具，他發明了許多農業工具，如耒耜、斧頭、鋤頭等；他一生為百姓辦了許多好事：教百姓耕作，百姓得以豐食足衣；缺少布帛，他教給百姓栽桑種麻，用絲織成布帛，做成衣裳；缺少器皿，他製造陶器，盛裝米水。

他是醫藥神。他「始嘗百草，始有醫藥」。為了讓百姓不受病疾之苦，他嘗遍了各種藥材，以致自己一日中毒七十次。為了紀念他，中國最早的一部藥物學著作就命名為《神農百草經》。

他是樂器神。他發明了五弦琴，給百姓帶來了快樂。

炎帝是中國先民集體智慧的集中體現。

炎帝一族最初的活動地域在今陝西的南部，後來沿黃河向東發展，與黃帝發生衝突。在阪泉之戰中，炎帝被黃帝戰敗，炎帝部落與黃帝部落合併，組成華夏族，所以今日中國人自稱為「炎黃子孫」。

炎帝晚年巡遊南方時，積勞成疾，不治身亡；一說，為發現草藥，因嘗百草，不幸而死。

炎帝陵位於湖南省株洲市炎陵縣城西十七公里的鹿原

鎮境內。關於炎帝神農氏安葬地的記載，最早見於晉代皇甫謐撰寫的《帝王世紀》，炎帝「在位一百二十年而崩，葬長沙」。宋羅泌撰《路史》記述得更具體，認為炎帝「崩葬長沙茶鄉之尾，是日茶陵」。據地方史料《酃縣志》記載，此地西漢時已有陵，西漢末年，綠林、赤眉軍興，邑人擔心亂兵發掘，遂將陵墓夷為平地。唐代，佛教傳入，陵前建有佛寺，名日「唐興寺」。雖然佛教傳入，但陵前仍「時有奉祀」炎帝。

炎帝陵自宋太祖乾德五年（967）建廟之後，迄今已有千餘年歷史，隨着歷代王朝的興衰更替，炎帝廟也歷盡滄桑，屢建屢毀，屢毀屢建。宋太宗太平興國年間（976—984年），宋太宗降旨，將鹿原陂炎帝廟移於茶陵縣城南五里處。此後二百餘年，朝廷官府祭祀炎帝神農氏的活動，均在茶陵縣城南炎帝祠廟進行。以後歷代歷朝，炎帝陵屢毀屢建。

改革開放後，炎帝陵又重新修建。1986年，由酃縣（今名炎陵縣）人民政府主持，陵殿修復工程動工，到1988年勝利竣工。重修後的炎帝陵殿，規模較前稍有擴大，整個建築佔地面積三千八百三十六平方米。

現在炎帝陵殿，分為五進。第一進為午門，第二進為行禮亭，第三進為主殿，第四進為墓碑亭，第五進為墓塚。殿外修復了詠豐台、天使館、鹿原亭等附屬建築。整個建築金碧輝煌，重檐翹角，氣勢恢宏，富有民族傳統風格。

始祖黃帝

黃帝是中華五帝之首。五帝即黃帝、顓頊、帝嚳、堯、舜。五帝大約在公元前二十六世紀至公元前二十一世紀初。黃帝是中華民族的創始祖。

黃帝的降生極富神秘色彩。黃帝是少典的兒子，姓公孫，名叫軒轅。那麼，其父少典是誰呢？據說，少典來歷不凡。他是伏羲帝和女媧帝的直系第七十七代帝，是有熊國的國君。有熊國位於現在的河南新鄭的軒轅丘一帶。少典有一位婦人名叫附寶，也是神仙一類的人物。

關於黃帝的出生有四個版本：

第一個版本，是天帝託胎而降的。

第二個版本，是雷神下凡而生的。

第三個版本，是電光擊打而孕的。說附寶被電光擊打，由此懷孕，孕期長達二十四個月，最後生出了黃帝。

第四個版本，是飛龍演變而來的。剛下生時是「黃龍體」，並長着奇特的「四面」，即是說，四面都有臉。他生下來，就能駕馭百神，控制四方，主司風雨雷電，進而成為創造天地萬物之神。

這四個版本，都在說明黃帝不是一個平常的凡人，而

是一位造福人類的神仙，是「生而神靈，弱而能言」。他的先世不凡，他的出生不凡，他的長相不凡，他的作用不凡。他是一位充滿神秘色彩的非凡的神仙。

黃帝的創業充滿艱難曲折。當時，中國境內居住着許多民族。有一個民族叫諸夏，諸夏因居住地域的差別，分為兩個支派：一派是姜姓的炎帝，一派是姬姓的黃帝。黃帝族和炎帝族屬於兄弟族，都是有熊氏國君少典的後裔。

從《史記》的記載來看，軒轅的時代，天下大亂，諸侯互相征伐。主要是居於領導地位的神農氏勢力衰減，各路諸侯乘勢崛起，「神農氏世衰，諸侯相侵伐，暴虐百姓」。而神農氏「弗能征」，不能夠征伐壓服作亂的諸侯。在這種情況下，具有遠見卓識的軒轅，「習用干戈」，擴充軍備，積極備戰，並投入軍力，討伐不服從的諸侯，「以征不享」，逐漸地「諸侯咸來賓從」。

當時主要有三股政治軍事力量。一股是軒轅，一股是蚩尤，一股是炎帝，「而蚩尤最為暴，莫能伐」，蚩尤是一塊難啃的骨頭，只得先放一放。炎帝這股力量不能小瞧，他還時不時地侵凌其他諸侯。因此，各路諸侯都向軒轅靠攏，「諸侯咸歸軒轅」。

軒轅審時度勢，看到目前舉兵不利，所以，他同其他兩股力量尋求暫時的和平，而修煉內功。「軒轅乃修德振兵，治五氣，藝五種，撫萬民，度四方」，積極從事物質和精神兩個方面的準備。

黃帝的一生曾先後打了兩次大仗。

第一次是與炎帝打的。戰爭的原因是因為「炎帝欲侵凌諸侯」，諸侯沒有辦法，到軒轅那裡求救，「諸侯咸歸軒轅」。條件成熟了，軒轅向炎帝發起攻擊，「與炎帝戰於阪泉（今河北省涿鹿縣東南，一說今山西省運城解池附近）之野」。此戰軒轅取得了勝利，「三戰，然後得其志」。

第二次是與蚩尤打的。戰爭的原因，司馬遷說：「蚩尤作亂不用帝命。於是，黃帝乃征師諸侯。」一種傳說，炎帝遭到了蚩尤的侵襲。蚩尤是南方九黎族的首領，是個妖怪。據說他長相奇特，剽悍異常。他頭上長有犀利的犄角，四隻眼睛，六隻手，臉上的鬢毛硬如刀劍，牛一樣的蹄子。牙齒鋒利，吃的是鐵塊、石頭和沙子。不僅如此，他還有八十一個兄弟，實質是八十一個部落，個個如凶神惡煞。蚩尤打敗了炎帝，並對軒轅虎視眈眈。炎帝向軒轅求救。於是，軒轅和炎帝組成聯盟，共同抗擊蚩尤的侵犯。

不管是哪種傳說，總之，「黃帝乃征師諸侯，諸侯與蚩尤戰於涿鹿之野，遂擒殺蚩尤」。最終，他們在涿鹿（今河北省涿鹿縣）之野展開決戰，殺得昏天黑地，人仰馬翻。軒轅終於活捉了驍勇善戰的蚩尤，並將其處死。自此，迎來了天下太平。「而諸侯咸尊軒轅為天子，代神農氏，是為黃帝」。就這樣，黃帝成為統一諸夏族的第一人。

黃帝族和炎帝族合併，統稱華夏族。華夏族就是漢族的前身。華夏族認為自己居於中原大地的中心地帶，是鮮

花之中心，因此，自稱中華（花）。原來是指黃河流域一帶，後來凡是其統轄的地方就都稱為中華，亦稱中國。延續至今，中華民族就成為我國五十六個民族的總稱，黃帝就自然成為我們中華民族的始祖。

黃帝的舉措堪稱文明的開端。在統一後的中華大地，黃帝意外地得到了象徵國家權力的寶鼎——「獲寶鼎」，這是上天授予黃帝權力的有力證明。黃帝大展宏圖，開疆擴土，定鼎四維，政通人和，百廢俱興。據說，黃帝的妻子是嫘祖，「嫘祖為黃帝正妃」，嫘祖發現了蠶絲；黃帝的史官是倉頡，倉頡發明了文字；黃帝的臣子大撓，創造了干支曆法；黃帝的樂官伶倫，製作了樂器。

總之，黃帝鼓勵發明創造，倡導發展文化。在他的提倡下，開闢了道路，建築了宮室，發明了車船，節約了器物，抽出了蠶絲，漂染了衣服，創造了文字，發現了音律，順應了四時，做出了干支。在物質文明和精神文明兩個領域，黃帝都取得了驕人的偉大成果，使中華民族從此走上了文明的康莊大道。從野蠻到文明，這個領路人就是中華民族的始祖黃帝。

因此，黃帝是中華民族的人文初祖或文明始祖，評價準確，當之無愧。

陝西省黃陵縣有軒轅黃帝陵。《史記‧五帝本紀第一》記載：「黃帝崩，葬橋山。」橋山，《爾雅》云：「山銳而高，曰橋也。」此山又尖又高，故稱橋山。橋山位於陝西省黃陵

縣城北，山下沮水流過，山上古柏萬棵。軒轅黃帝便安臥於此。

　　該陵始建於春秋時期，歷經數千年，號稱「天下第一陵」。陵內有軒轅手植柏，相傳為軒轅黃帝親手所植。此柏高十九米，樹幹下圍十米，中圍六米，上圍兩米，遒枝蒼勁，柏葉青翠。前行有碑亭，亭內立有毛澤東手跡「祭黃帝陵文」和蔣中正手跡「黃帝陵」碑石。如今，這裡成為一個聖地。世界各地的炎黃子孫，紛至沓來，憑弔先人，禮拜始祖。

創世神女媧

女媧是中國歷史神話傳說中的女神，是三皇之一。她的功績，使她成為中華民族的創世神和始祖神。可以毫不誇張地說，她是中華民族的偉大母親。

相傳她對中華民族有三大特殊貢獻：一是搏土造人；二是設置婚姻；三是煉石補天。

第一大貢獻是搏土造人。據說，女媧形象奇特，是人頭蛇身。同時，她神通廣大，無所不能。她能夠化生萬物，「一日七十化」，就是說，一天可以變化出七十樣東西。女媧眼觀大地，白茫茫一片真乾淨，甚麼也沒有，顯得十分淒涼。她悲天憫人，欲創造萬物，創造人類。她計劃用七天時間，來進行創造。正月初一創造雞，初二創造狗，初三創造羊，初四創造豬，初五創造牛，初六創造馬。這六天，她創造了六畜，給人類提供了生產資料和生活資料。初七，女媧創造了人。她用黃土和溪水，按照自己的模樣，搏成一個個小泥人。她不辭辛苦，搏了一批又一批。但是，她覺得速度還是太慢。於是，她把一根藤條蘸上泥漿，然後揮舞起來。泥點子揮灑在大地上，個個點子都變成了人。這就是搏土造人。

第二大貢獻是設置婚姻。僅僅有人是不夠的，必須解

決人的繁衍問題。女媧想到了用男女婚姻，來解決這個棘手問題。據東漢應劭著《風俗通義》載：「女媧禱神祠，祈而為女媒，因置婚姻。」即是說，女媧親自到神祠去祈禱，祈禱神明回答如何解決人類的繁衍問題。神明回答她，可以設置婚姻，用男女婚配的方法來繁衍人類。這是一個偉大的發現，發現了人類可以用自身的力量，傳宗接代，繁衍下去。

《禮記‧明堂位》云：「垂之和鐘，叔之離磬，女媧之笙簧。」這是說，和鐘是垂發明的；離磬是叔發明的；笙簧是女媧發明的。《魏書‧樂志序》云：「伏羲弦琴。」可見，伏羲和女媧兄妹二人還是樂器始祖。兩人由兄妹而夫妻，又都擅長樂器抒情，難怪多數音樂作品都與愛情有關。

第三大貢獻是鍊石補天。據西漢劉安著《淮南子》記載，水神共工和火神祝融因故吵架，並大打出手，最後祝融打敗了共工。水神共工因失敗而羞憤難當，朝西方的不周山撞去，不周山崩塌了。孰料，不周山原來是一根撐天的柱子。撐支天地之間的天柱斷裂，天倒塌了半邊，露出了一個大窟窿，地也陷了一道大裂縫，山林燒起了大火，洪水從地底下噴湧出來，龍蛇猛獸也出來吞食人類。人類面臨着空前的災難。

女媧目睹人類遭遇的劫難，痛苦萬分，她決心設法補天，以拯救人類。她選用各色各樣的五色石子，架起烈火將它們焚燒成石漿，用這種石漿來補天上的大窟窿。隨後，又

斬下一個大龜的四隻腳，把四隻腳當作四根柱子，支撐起倒塌的半邊天。女媧還擒殺了殘害人類的黑龍，剎住了龍蛇的囂張氣焰。最後，為了堵住四處漫流的洪水，女媧還收集了大量的蘆草，把它們焚燒成灰燼。然後，用這些灰燼來堵塞四處漫流的洪水。

經過女媧的辛勤整治，蒼天補上了，大地填平了，洪水止住了，龍蛇斂跡了。人類又重新過上了安樂的生活。女媧為人類的生活創造了完美的自然環境。

中國各地有很多女媧廟宇。如山西省霍州市的媧皇廟、甘肅省秦安縣女媧廟和女媧洞、甘肅省天水市女媧廟、山西省洪洞縣媧皇廟、河南省周口市西華女媧廟、河北省涉縣媧皇宮等。每年農曆三月初一是女媧誕辰日，這一天，一些女媧廟如西華女媧廟和涉縣媧皇宮都會舉行盛大的廟會。其中，涉縣媧皇官廟會據說已有一千四百年的歷史了。

佛祖如來佛

平時經常說到佛。甚麼是佛？佛，是佛陀的簡稱，是 Buddha 的音譯。佛陀的意思是覺者或智者，即是有覺悟的人或有智慧的人。佛不但能自覺，而且能覺他。佛陀是印度早就存在的一個詞，但佛教賦予它完全不同的新的含義。佛陀是指在智慧和功行上，達到最高級最圓滿境界的人。

甚麼是如來呢？如來，包含如實的意義。是佛陀的另一種說法。如釋迦牟尼佛，可以稱為釋迦牟尼如來。

如來佛，就是釋迦牟尼佛。他是佛教的創始人，是佛門的第一神，是佛國的最高統領。

如來佛處於公元前六世紀，正是我國春秋時代，與孔子同時。他的名字是悉達多，他的姓是喬達摩。因為屬於釋迦族，所以人們又稱他為釋迦牟尼，意思是釋迦族的聖人。其實，如來佛最早不是神，而是人，實有其人。

說來話長，釋迦族是很有來歷的。公元前十三世紀，釋迦族就在喜馬拉雅山的南麓建立起了迦毗羅衛國。迦毗羅衛國傳到六世國王淨飯大王時，國家更加昌盛。淨飯大王的夫人是賢惠的摩耶。有一天，摩耶夫人在睡夢中，感到

有一個騎着大白象的奇人向她走來，人和象一下子從她的右肋鑽入腹中，於是摩耶夫人懷孕了。摩耶夫人懷胎十四個月，在途經藍毗尼花園時，在右肋誕生了可愛的小太子悉達多。這就應了聖者十四個月而生的聖人之言。小太子降生第五天，取名為悉達多，意思是成就一切或一切義成。

但是，不幸的事發生了。小太子誕生的第七天，摩耶夫人就去世了。不幸中有幸的是，摩耶夫人的小妹摩訶波闍波提公主，前幾天來向姐夫淨飯大王和姐姐賀喜。姐姐的突然離世，使得摩訶波闍波提公主心如刀割。她看到小悉達多十分可憐，就主動提出留下來照顧小太子。淨飯大王非常感激。摩訶波闍波提公主精心地呵護着小悉達多。

印度新德里市德里博物館
珍藏的佛陀頭像雕塑

三年之後，摩訶波闍波提公主被選為淨飯大王的王妃。

悉達多天資聰穎，酷愛思考，智力超常，毅力過人。印度最高的學術是「五明」和「四吠陀」。所謂五明，一是語言、文字學方面的聲明；二是工藝、建築學方面的工巧明；三是醫學方面的醫方明；四是邏輯學方面的因明；五是宗教學方面的內明。在這五明當中，每一明又包含了許多內容。譬如說聲明，它就包含了語言學的全部內容。古印度一向不重視歷史的文字記載，包括對於重大的歷史事件，也都是口口相傳留給後人的。因為沒有文字可以參考，所以，要研究語言文字本身的問題，其難度是超乎想像的。

所謂的「四吠陀」，它是印度最古老的宗教經典著作，產生於公元前十五世紀至前十三世紀。因為它由四部或者說四大門類組成，所以稱為「四吠陀」。「吠陀」的意思是「知識」「學問」。

淨飯大王為使悉達多儘快學會五明，特聘著名的五明大師婆羅門學者跋陀羅尼為太子的老師，學習五明；又特聘著名學者拜迦蜜和忍天所為師，學習四吠陀。

從七歲到十二歲，悉達多刻苦學習了五年。悉達多的學問猛進，知識倍增。他完全掌握了五明和四吠陀。他的智慧像海一樣深邃，像天空一樣廣袤。老師跋陀羅尼深深地感到，自己已經沒有能力再教授這個弟子了。於是，跋陀羅尼提出辭呈，辭去了太子老師的榮耀職務，離開了王宮。但是，跋陀羅尼此時已經看出了悉達多的出家傾向。

悉達多在過完十二歲生日的第一個元日，淨飯大王讓悉達多拜見了拜迦蜜和忍天所。從此，開始了長達四年的習武階段。經過四年的學習，悉達多的武藝精進，無人能比。

十七歲的悉達多，一身正氣，熱愛眾生，不戀女色，但卻出現了出家的苗頭。淨飯大王看着兒子不食人間煙火的模樣，擔心他出家，很是焦急，準備用說親的辦法，收攏兒子悉達多的心。淨飯大王為悉達多選中了一個妃子，這就是鄰邦天臂城主善覺大王的長女耶輸陀羅公主。公主生得閉月羞花，傾國傾城。淨飯大王親自為兒子去求婚，但善覺大王提出了競選女婿的做法，以免鄰國為此發生爭端。淨飯大王對此表示理解，就動員悉達多參加了競選。經過層層文武比拼，悉達多脫穎而出，力拔頭籌，當上了耶輸陀羅公主的夫婿。

佛陀為甚麼要結婚呢？原來悉達多太子和耶輸陀羅公主的姻緣頗有來歷，早在無量劫前便已結下。那時，悉達多是波羅奈城中的一個有地位的長者的兒子，身份高貴；而耶輸陀羅則是地位低下的一個鐵匠的女兒。一天，長者的兒子看中了鐵匠的女兒，就告訴父母，要娶她為妻。開始長者不同意，後來長者同意了，鐵匠又不同意。經過重重波折，有情人終成眷屬。正是這無量劫前的一段姻緣，才使後來悉達多太子娶了耶輸陀羅公主為妻。

同樣，也是由於無量劫前的姻緣所繫，悉達多太子在父親淨飯大王的操持下，又先後娶了摩奴陀羅和大臣檀茶

波尼的女兒檀荼瞿多彌為妻。並且，淨飯大王為太子立三等宮：第一宮，以耶輸陀羅公主為首，有兩萬名彩女於初夜服侍太子；第二宮，以摩奴陀羅為首，有兩萬名彩女於半夜服侍太子；第三宮以檀荼瞿多彌為首，也有兩萬名彩女於後夜服侍太子。服侍太子的彩女共有六萬名。淨飯大王想以此拴住悉達多太子的心。

悉達多太子和耶輸陀羅公主成婚後，性格發生了變化。他和耶輸陀羅公主，男歡女愛，十分相得。淨飯大王看着高興，以為自己的計劃就要實現了。

印度新德里市德里博物館珍藏的公元一世紀雕像——佛祖與蓬頭外道

轉眼十年過去了。悉達多太子在王宮裡榮華富貴，養尊處優。有一天，悉達多太子得到優美旋律的暗示，忽然想到京城郊外去暢遊一番。第一次出東門，他碰到了一個衰朽不堪、沿街乞討的老人；第二次出南門，他碰到了一個身患重病、呻吟不止的病人；第三次出西門，他碰到了一個沒有思想、沒有情感的死人。

　　三次出遊，悉達多太子看到了人生的老、病、死三種苦相。他由此百感交集，思緒叢生。他陷入了深深的思考，企圖尋求拯救芸芸眾生的良方。

　　淨飯大王得知悉達多走火入魔，擔心他會要求出家。所以，在有充分準備的前提下，答應悉達多第四次出北門郊遊。不承想，悉達多郊遊回來，就徑直向淨飯大王提出了出家的請求。原來，這第四次出北門，他碰到了一個鬚髮剔除、踽踽獨行的僧人。悉達多同這位僧人進行了初步交談，知道了甚麼是出家人，出家人是為拯救眾生的，是最偉大的。悉達多認為自己終於找到了答案，遂決意出家。

　　淨飯大王給悉達多設置了美女羈絆和武力防範等重重障礙。但悉達多去志已決，他終於星夜離宮，逃出了迦毗羅衛國。悉達多割斷黑髮，換上袈裟，表示自己已經出家了。

　　悉達多風塵僕僕，來到跋迦婆仙人修道的苦行林，受到熱烈的歡迎。他表示要參觀跋迦婆仙人修行的方法，得到准許。幾個苦行仙人帶領悉達多參觀了苦行者的修行方法。他看到苦行者的生活極其艱難，有的吃菜，有的吃草，有的

吃樹枝，有的吃牛糞；有的修站行，有的修坐行，有的修倒立，有的修止語；有的躺在荊棘上，有的躺在石板上，有的臥在樹幹上，有的睡在墳崗上。

悉達多是善於獨立思考的。參觀後，他對用苦行的方法來換取因果報應感到不滿。於是，他離開此地，去尋找新的修行之道。悉達多找到了阿羅藍大仙人。他虛心求教，在很短時間裡，就證得了阿羅藍所說的最高境界，得到了甚至高於阿羅藍大仙人的果位。後來，悉達多輾轉來到迦耶王仙的舊城。他看到，此地山川秀美，花果滿枝，就決定在此修煉。悉達多決定每天只吃一米，或一豆、一麥，以求活命。悉達多一煉就是六年。他的道心增長，境界提高。但是，他的身體卻受到極大摧殘，面貌衰老，四肢僵硬。悉達多總結教訓，認為這種形式上的修煉與苦行者沒有甚麼區

斯里蘭卡佛祖塑像

別，就決心放棄這種修煉方法。

　　悉達多放棄了六年的苦行生活之後，迤邐來到了迦耶山。在此，他發現了一棵又粗又大的畢缽羅樹，枝繁葉茂，猶如巨大的太陽傘。樹下有一塊平整的巨石。悉達多仔細觀察了這棵大樹和這塊巨石，感到這是上蒼提供給他的極好的修道場。於是，他決心在此修道。悉達多發下大誓願：「我若不證得無上大菩提，寧可碎是身，決不起此座！」悉達多沒有違背自己的諾言，他在迦耶山的畢缽羅樹下入定了整整四十九天，終於成為大覺尊佛陀了。這一天，是臘月初八。悉達多所成就的佛陀妙果概括起來說，是十二因緣、

印度比哈爾邦伽耶市菩提伽耶佛祖悟道處佛祖塑像

四聖諦、八正道。

此時，佛陀悉達多想起了追隨自己多年的憍陳如等五人。他們五人本來是迦毗羅衛國王師中人。悉達多逃出迦毗羅衛城時，他們被派去追尋悉達多太子。後來悉達多出家了，他們五人也出家了。悉達多在找尋新的修道之法時，離開了他們五人。五人卻繼續苦行修煉。

悉達多在波羅奈國的鹿野苑找到了憍陳如、摩男跋提、十力迦葉、摩訶俱利和阿說示五人，並向他們宣講了十二因緣、四聖諦、八正道等大法。他們受到了極大觸動，心中豁然開朗，表示從此奉行這個救世大法。由於他們善根深厚，在悉達多佛陀的教化下，當即就證得了阿羅漢果。這是悉達多成佛後的第一次說法，在佛教史上被稱為「初轉法輪」。憍陳如等五人是佛陀最初度化的出家弟子，被稱為「初度五比丘」。

這樣，就產生了佛教三寶：釋迦牟尼成就佛陀正果，稱為「佛寶」；佛陀成道後所演說的四聖諦等法，稱為「法寶」；佛陀初度的五比丘，稱為「僧寶」。三寶具備了，佛教從此就流佈天下了。

之後，佛陀悉達多想教化一個有威望的修行人，以此來教化更多的人。佛陀相中了已經一百多歲的優婁頻羅迦葉。他是祀火婆羅門的教主，又是摩揭陀國國王的師父，自以為是，目空一切。迦葉有兄弟三人，他是老大領有五百弟子，老二領有三百弟子，老三領有二百弟子。三迦葉兄弟的

外甥還領有二百五十弟子。佛陀和不可一世的大迦葉鬥法，終於征服了大迦葉。這樣，三迦葉兄弟及其外甥和他們領有的一千二百五十人就都皈依了佛陀。一千二百五十人出家，成為阿羅漢。

佛陀率領一千二百五十位弟子，應摩揭陀國國王頻婆娑羅王的邀請，來到了摩揭陀國首都王舍城。佛陀看中了其城外的靈鷲山。這裡林茂花織，水流鳥唱，是個修行的好地方。於是，佛陀決定在這裡說法修行。因為佛陀悉達多給摩揭陀國帶來了無比祥瑞，頻婆娑羅王決定把美麗的迦

佛祖涅槃處——印度拘尸那羅的圓寂寺和圓寂塔

蘭陀竹園贈給佛陀，建議在此建立一個大的精舍，給佛陀長期居住和說法。佛陀高興地接受了頻婆娑羅王的佈施。半年後，一座比王宮更宏偉的建築拔地而起。精舍由佛陀命名為竹林精舍。它分為十六座大院，每院有六十間房舍。另有五百座樓閣，七十二間講堂。竹林精舍是世界最早的佛教寺院。佛陀經常在這裡說法開化，導凡拯俗。後來逐漸形成了以佛陀為中心的佛團組織。

佛陀在傳道初期曾經得到兩位大弟子，一個是智慧第一的舍利弗，一個是神通第一的目犍連。

後來，憍薩羅國的國王波斯匿、太子祇陀、大臣須達等，為佛陀建造了一個新的精舍。佛陀給它命名為祇樹給孤獨園精舍。這個精舍，富麗堂皇，美妙絕倫。有寢室數百間，還有禮堂、講堂、集會堂、休養室、浴池、客堂、儲藏室等，規模遠遠超過了竹林精舍。佛陀很喜歡這個地方，以後經常在這裡講法。釋迦牟尼佛陀的影響遍及印度，但他長期居住的地方卻是王舍城和舍衛城。特別是舍衛城，他在這裡居住了二十五年。釋迦牟尼的經典大部分是在這兩個都城宣講的。

後來，釋迦牟尼佛出舍衛城，一路講經說法，來到了拘尸那揭羅城。拘尸那揭羅城是末羅國的都城。釋迦牟尼佛在都城郊外涅槃。末羅國人舉行隆重的儀式，末羅族青年將釋迦牟尼法體放入特製的金棺，然後想把金棺抬回城裡。但是，無論來多少人也抬不動。然而，金棺卻輕輕升起，向

城裡飛去。金棺並沒有進城，而是繞城數圈之後，向城外的天冠寺飄去，安穩地落在天冠寺內。

金棺置放在香樓上，焚燒了七天七夜。但是，打開金棺後，釋迦牟尼佛法體完好如初。人們見此情景，都大吃一驚。過了一會兒，堅如金剛的法體突然粉碎為無數顆粒狀的舍利，還有四顆完整的佛牙舍利。舍利被分成八份，由八個國家均分了。另有遲到的兩國的代表，一個撿拾碎骨小塊，一個掃骨灰，共合十份，各造一塔供養，總計十塔。

布袋和尚彌勒佛

彌勒佛有兩位，一位是印度的洋彌勒，一位是中國的土彌勒。

洋彌勒，姓阿逸多。彌勒是他的名字，是梵文的譯音，意譯是慈氏。那時他是菩薩，還沒有成佛。據《彌勒上生經》和《彌勒下生經》的記載，彌勒佛生於印度南天竺婆羅門家，是一個貴族，是釋迦牟尼佛的弟子。他負有特殊的使命，先於釋迦牟尼佛離開人世，上生兜率天內院，接受上天的洗禮。兜率天即「妙足天」，是候補佛的基地。經過四千歲，即人間的五十六億七千萬歲，彌勒佛下生人間，於華林園龍樹下成佛。釋迦牟尼佛死後，他作為接班人，廣傳佛法，成為佛教領袖。因此，彌勒佛被稱為彌勒如來。相傳，彌勒佛活了八萬四千歲。

土彌勒，名叫契此。五代時後梁的和尚。浙江奉化人，號長汀子。這是一位充滿神秘色彩的怪和尚。他的長相很奇特，身材矮胖，肚腹滾圓。他用一根破木棍，挑着一個破布袋，布袋裡裝着他所有的家當。他居無定所，隨處而安，還經常說出一些讓人摸不頭腦的話，像個瘋和尚，人們給他起個外號叫布袋師。冬天，有時他躺在冰雪中，雪不沾衣。

說人家吉凶禍福，屢試不爽。他腳着濕草鞋，天就要下雨；足履乾木屐，天就要大旱。他曾作歌道：「只個心心心是佛，十方世界最靈物。縱橫妙用可憐生，一切不如心真實。萬物何殊心何異，何勞更用尋經義。」他非常崇拜主觀的心，認為心是「十方世界最靈物」。他有時作偈以自娛抒情。偈，是佛經中的唱詞。曾偈道：「一缽千家飯，孤身萬里遊。青目觀人少，問路白雲頭。」表現了他的樂天達觀的性格。後梁真明三年（916）三月，布袋和尚來到奉化岳林寺東廊，端坐在一塊巨石上，說偈曰：「彌勒真彌勒，分身千百億。時時示時人，時人自不識。」

唱罷，布袋和尚安然而逝。這時人們才恍然大悟，原來布袋和尚是彌勒佛的化身。回想起布袋和尚生前種種奇特的表現，人們終於找到了答案。於是，人們把他的肉身埋葬在岳林寺西二里的山上，並起名彌勒庵。此後，人們按照布袋和尚的形象雕塑成彌勒佛，置放於天王殿正中，虔誠膜拜。

密宗愛神歡喜佛

歡喜佛是佛教密宗供奉的一種佛像，原為印度古代傳說中的神。這個神，梵文稱為俄那缽底，可譯為「無礙」「喜歡」，所以稱為「歡喜佛」。歡喜佛是藏傳佛教密宗的本尊神，是佛教中的「慾天」「愛神」。在喇嘛寺裡，幾乎都供奉此種佛像。

歡喜佛的造型十分奇特，極富想像。大體分為兩類，一類是單體的，一類是雙體的。這些佛像奇形怪狀，其含義不得索解。有的多個腦袋，有的多隻手臂；有的腰間掛人頭，有的腳下踩男女；有的雙抱交媾，有的單身裸立。相貌醜陋者有之，模樣俊俏者有之。但歡喜佛最常見的形象是男女裸體相抱交媾。在歷來宣傳戒淫慾的佛教的寺院裡，居然堂而皇之地供奉着此種神像讓人們頂禮膜拜，這不是有傷風化嗎？

其實，佛教密宗的這些神像的崇拜，是和印度教有着千絲萬縷的關聯的。佛教和印度教在形成過程中，本來就存在很大差異。佛教否認有主宰一切的神，而印度教則主張萬物都是由無所不能的梵天神創造的。佛教主張「中道」，反對偏激；而印度教的不同派別，有的主張自我折磨，有的

欢喜佛塑像

主張放縱聲色。但是，不可否認的是，佛教為了延續自己的發展，也相應地吸收了印度教的一些內涵，演變為密宗。佛教藝術吸收了印度教藝術的一些特色，豐富了佛教藝術。在佛像藝術上，佛教引進了護法神，出現了多頭多臂的菩薩像，憤怒兇惡的神佛像，還有男女雙修的暴露形象。

歡喜佛，無論是單體的還是雙體的，都是裸體的，一絲不掛，一塵不染，象徵脫離生垢界，脫離塵垢凡界。雙體相抱，男性代表方法（方便），女性代表智慧，即所謂方法與智慧相結合的意思。男女相合為一完人，圓滿俱足，修證所得，就是歡喜，就是快樂。但這個歡喜和快樂，是信念的象徵，而不是男女的淫樂。

歡喜佛的來歷，有個神話傳說。《四部毗那夜迦法》上說，觀世音菩薩悲憫天下眾生，運用慈善法力將自己變化成女人毗那夜迦的模樣，來到歡喜王的住地。歡喜王看見毗那夜迦生得美麗，陡起淫心，想要擁抱對方，遭到拒絕，於是只得以禮相待。這時，女子娓娓說道，我雖是女子，但很早就篤信佛教，並得到袈裟衣缽。你實在要和我親近，可以隨我教，成為佛教信徒。等待來世，為佛護法，不作業障，不生惡心，這樣才能成為我的親友。歡喜王聽得這番話，非常高興，說道：「我按照緣分遇上你，從今以後，我定跟隨你們護法，做善事。」於是，毗那夜迦女含笑與他相抱。因此，人們以後看到的歡喜佛都是男女雙佛相抱的形狀。

極樂世界阿彌陀佛

阿彌陀佛是西方極樂世界的教主。佛教典籍認為，從地域講，有三個世界，也有主宰三個世界的三尊佛。他們是東方淨琉璃世界的藥師佛、婆娑世界的釋迦牟尼佛和西方極樂世界的阿彌陀佛。阿彌陀佛是梵文，譯為無量壽。

相傳，西方有一個國家叫極樂。這是佛教宣傳最廣、影響最大的佛國淨土。為甚麼叫極樂呢？因為這個國家裡的百姓，沒有任何痛苦，盡情地享受着諸般快樂。這個國家，其國土鋪滿黃金。到處是七寶池水，池底佈滿金沙。所有的街道，都是金銀鋪就。亭台樓閣，是金銀琉璃製成。國中飛禽鳥雀，叫聲婉轉悅耳；國中樹木花草，芬芳沁人心脾。這個國家之所以如此美好，都是因為百姓篤信佛教。百姓供奉了十萬億尊佛像，念佛之聲不絕於耳。因此，阿彌陀佛關照此地，使之成為極樂世界。

芸芸眾生都希望來世能夠進入極樂世界。那麼，百姓怎樣才能升入極樂世界呢？佛書告訴信徒，方法很簡單，只要時時刻刻地誦念「阿彌陀佛」名號，阿彌陀佛就會接引念佛者往生西方極樂世界。這是老百姓進入極樂世界的捷徑。

因此，阿彌陀佛又被稱為接引佛。他在寺院的塑像，也多作接引眾生的姿勢，右手垂下，作與願印。左手當胸，掌中有金蓮台。據說，這金蓮台就是眾生往極樂世界的座位。

阿彌陀佛有十三個名號：無量壽佛、無量光佛、無邊光佛、無礙光佛、無對光佛、焰王光佛、清淨光佛、歡喜光佛、智慧光佛、不斷光佛、難思光佛、無稱光佛、超日月光佛。

08

安樂眾生觀音菩薩

觀音菩薩是觀世音菩薩的略稱。觀世音，為梵文意譯，也譯為「光世音」。唐太宗年間，因避李世民名諱故，去掉「世」字，略稱觀音。為甚麼叫觀世音呢？《法華經》説：「苦惱眾生，一心稱名，菩薩即時觀其音聲，皆得解脱，以是名觀世音。」這是説，陷入痛苦境界的芸芸眾生，如果想要擺脱痛苦之地，就要一心一意地念頌菩薩的名字。這樣，深知一切的菩薩，就會「觀」到你的聲音，就會將你解脱，使你脱離苦海，度你到極樂世界，去盡享榮華富貴。因此，這位菩薩就被叫作觀世音。

觀世音菩薩，是菩薩當中知名度最高的，無人不知，無人不曉。在中國，她的名氣甚至超過了釋迦牟尼佛。佛界有四觀音、六觀音、八觀音、三十三觀音之説。在四大觀音菩薩中，觀世音菩薩是首屈一指的。佛家把全世界劃成四大部洲，稱為東勝神洲，南瞻部洲，西牛賀洲，北俱蘆洲。中國所在的南瞻部洲有四座名山，號稱佛國。這四座山，就是安徽九華山，山西五台山，四川峨眉山，浙江普陀山。管領這四座山的，分別為地藏王菩薩、文殊菩薩、普賢菩薩、觀音菩薩四位大

士，即佛教四大菩薩。故九華禮地藏王，稱為大行；五台禮文殊，稱為大智；峨眉禮普賢，稱為大勇；普陀禮觀音，稱為大慈。四大菩薩中，最受景仰的就是觀世音菩薩。一般信徒的腦海裡，都深嵌着一尊觀世音菩薩的法相。他們相信觀世音菩薩既大慈大悲，又法力無邊。

觀世音菩薩到底是男是女？我們看到的觀世音菩薩的法相，有的是男人打扮，有的是女士裝束。其實，觀世音的形象在佛教歷史上有一個曲折的演變過程。最早的觀世音不是人，而是動物。她最早的原形是一對神馬駒。在古印度的婆羅門教中有一對活潑的孿生的小馬駒，叫觀世音。它們是一對善神，做了很多善事。佛教產生後，小馬駒觀世音被改造成馬頭觀世音。後來這個馬頭觀世音又發展成一個威猛男子的形象。

觀世音傳到中國，開始也是男子的形象。甚麼時候在中國出現了女性觀世音造像的呢？對此，學者有兩種說法。一種說法認為最早的女性觀世音造像始於南北朝，盛行於唐朝。另一種說法則表示唐朝沒有女性觀世音造像。他們考據北宋官方編制的《宣和畫譜》，發現唐宋名手寫觀音像很多，但沒有飾婦人冠服的。北宋官方編纂的記載漢代至宋初野史的《太平廣記》有這樣一則故事：一個官員的妻子為神所攝，昏迷不醒。於是，他畫了一幅觀世音像供奉。官員的妻子遂夢見一個神僧將她救醒。以此不難看出，唐以前觀世音的塑像，並非女子形象，都是男身。

大約在宋代以後，觀世音的形象就逐漸變成女士了。據清弘贊著《觀音慈林集》載，宋人翟楫，五十歲仍無子嗣，便繪畫觀音像虔誠地祈禱，其妻果然懷孕。一日，翟楫夢見白衣婦人持銀盤送來一個可愛的胖小子。他非常喜歡，起身欲抱，不承想，一頭牛突然出來，擋住了他的去路，竟然抱不著。翟楫夢醒，不明所以，便虔誠祈禱。有人告訴翟楫說，你愛吃牛肉，牛當然擋你的路了。他恍然大悟，於是發誓全家不再吃牛肉。不久，翟楫又夢見那個白衣婦人送胖小子。幾個月後，其妻果然生下一個男孩子。這個故事裡的觀世音，就是女性。

　　其實，觀世音菩薩很早就已經成佛了。據北魏曇無讖譯《悲華經》記載，西方極樂世界教主阿彌陀佛涅槃之後，觀世音就成佛了，名為「遍出一切光明功德山如來」。據唐伽梵達摩譯《千手千眼觀音菩薩廣大圓滿無礙大悲心陀羅尼經》記道，觀世音菩薩以不可思議的強大之神力，在過去無量劫中，已經成佛，號「正法明如來」。為了安樂眾生，現身做了菩薩。還有的佛教經典記載，觀世音菩薩是阿彌陀佛的左脅侍，是西方三聖之一。西方三聖即阿彌陀佛、觀音菩薩、大勢至菩薩。

　　有三個日期對所有觀音菩薩的信徒來說是最重要的日子，即觀音菩薩的誕辰日（農曆二月十九）、成道日（農曆六月十九）、出家日（農曆九月十九）。中華民國大總統黎元洪，因其生日恰在農曆九月十九，亦被稱為「黎菩薩」。

09

道教最高神玉皇大帝

玉皇大帝，全稱「昊天金闕無上至尊自然妙有彌羅至真玉皇上帝」，亦稱「玄穹高上玉皇大帝」，簡稱「玉皇大帝」或「玉皇」。他上掌三十六天，下握七十二地，天地之間，一切人鬼神怪，均由其掌握。

玉皇大帝如此能耐，他的出身也非常顯赫。據道教經典《高上玉皇本行集經》載，其為光嚴妙樂國的王子，捨棄王位，於普明香嚴山中，學道修真，輔國救民，度化群生，歷三千二百劫後，始證金仙，號曰清淨自然覺王如來，又經億劫，始證玉帝。

玉皇大帝這個稱呼是何時出現的，眾說不一。有的論者認為，唐朝以前沒有玉皇大帝的稱謂。但也有的論者認為，在六朝以前就有了玉皇大帝的稱謂了。到了唐朝，玉皇大帝的稱謂就很普遍了。比如，唐朝大詩人李白就寫詩道：「不向金闕遊，思為玉皇客。」唐朝詩人賦詩引用「玉皇」一詞，所在多有。

到了宋朝，玉皇大帝的地位有了空前的提高，達到了登峰造極的地步。據《宋史‧禮志七》記載，宋真宗大中祥

重慶市大足區大足石刻之玉皇大帝與王母娘娘像

符八年（1015），皇帝趙恆「上玉皇大帝聖號曰太上開天執符御歷含真體道玉皇大天帝」。宋徽宗政和六年（1116），皇帝趙佶又「上玉帝尊號曰太上開天執符御歷含真體道昊天玉皇上帝」。

玉皇大帝是道教權力最大的神，在道觀中都要供奉的。凡是玉皇閣、玉皇廟和玉皇觀，裡面都有玉皇大帝的造像。玉皇大帝的生日是農曆正月初九，叫玉皇誕。這一天，道觀要舉行盛大的祝壽道場，慶祝玉皇大帝的誕辰。臘月二十五是玉皇大帝的出巡日。據說，這一天玉皇要下界巡視考察人間的善惡禍福。道觀要舉辦道場，迎接玉皇的聖駕；

民間也要接送玉皇。

　　雖然玉皇大帝很厲害，但在道教中，他仍居「三清」之下，是「三清」的輔佐神。「三清」有四位級別最高的輔佐神，又稱「四御」。他們是：玉皇大帝、紫微大帝、南極大帝、后土皇地祇。此外，道教還有「六御」說，即加上了天皇大帝和青華大帝。

三清像，《新刻出像增補搜神記》，明金陵唐氏富春堂刊本，明萬曆元年，一五七三年

10

分身救世太上老君

太上老君是道教對老子的尊稱，中國歷史上實有其人。據西漢司馬遷所撰《史記》記載，老子姓李名耳，字聃，是道家學派的創始人。

據《史記‧老子韓非列傳》，老子是著名學者，曾經擔任周王朝的守藏室史，相當於國家圖書館或博物館館長，當時就是一個大師級的名人。孔子很欽佩他，曾經向他問過古禮。後來，因為周室內亂，老子辭職，漫遊到函谷關。函谷關的關長尹喜是一個虔誠的道家，對老子非常敬佩，請老子著書立說，老子就寫下了《老子五千文》，亦稱《老子》《道德經》。

老子被神話始於東漢年間。益州太守王阜作《老子聖母碑》云：「老子者，道也。乃生於無形之先，起於太初之前，行於太素之元，浮游六虛，出入幽冥，觀混合之未別，窺濁清之未分。」就這樣，老子被逐漸神化了。

此後，老子的出生亦被神化。據說，老子降生時恰巧看到一棵李樹，他「生而能言」，指着李樹說：「這棵樹就是我的姓了！」

老子的相貌也被神話了。東晉葛洪著《神仙傳》說：

「（老子）身長八尺八寸，黃色美眉，長耳大目，廣額疏齒，方口厚唇。」老子的耳朵不僅長，而且還「耳有三漏」，即是說，他每個耳朵上有三個孔。這表明老子耳聰目明，可以眼觀六路，耳聽八方。東漢名著《白虎通‧聖人》說：「禹耳三漏，是謂大通。」可見，老子的耳朵與大禹的耳朵如出一轍，均有神通。

神話了的老子被一個人相中了，他就是張道陵。東漢順帝時（126—144），張道陵在巴蜀鶴鳴山創立五斗米道。據傳，張道陵在傳教佈道時作的《老子想爾注》稱：「一散形為氣，聚形為太上老君，常治崑崙，或言虛無，或言自然，或言無名，皆同一耳。」老子首次在道書中被命名為太上老君。從此，老子被神化為道教教祖，長期受到教徒的尊奉。

唐朝對老子的崇拜達到了極點。唐朝皇帝姓李，對本家姓李的老子格外關注。皇帝欲坐穩江山，就必須想方設法杜撰君權神授的神話。唐朝皇帝尊道教為國教，道教的地位得到極大的提高。唐太宗推崇《道德經》。唐高宗、唐玄宗又先後為老子加封尊號，推為宗室遠祖。

太上老君的尊崇在道教中具有極為特殊的地位。各地太清宮、老君殿等道教觀宮均是供奉太上老君之所。其中，陝西省周至縣的樓觀台尤為特殊。

周至縣的樓觀台已經有三千年的歷史，是老子著書立說、傳道講經的道教發祥地，被稱為仙都。這裡現在已經建成了國家森林公園，供遊人觀瞻。此地素有「天下第一福

地」「洞天之冠」之美譽。這裡的道教遺跡十分豐富，有説
經台、化女泉、繫牛柏、老子墓、宗聖宮等。説經台大殿
有三尊塑像，中間的是老子，兩側的是尹喜和徐甲。徐甲是
個不安分的弟子。離説經台不遠處，有化女泉，傳説是老子
考驗徐甲時，氣憤地用鐵棒猛然捅地而成。説經台西北處
有一棵古柏，傳説是當年老子騎牛入關時，拴繫青牛的樹
木，叫繫牛柏。而老子墓則在化女泉以西三公里處，墓塚呈
橢圓形，高四米，佔地二十平方米。古時，此處有吾老洞道
觀，據説藏有老子頭骨，如今已蕩然無存。

11

大地女神后土娘娘

后土皇地祇，全稱是「承天效法厚德光大后土皇地祇」，是道教輔佐神「四御」中的第四位神。她是主宰大地山川的女性神。人們常說的「天公地母」，天公是玉皇大帝，后土皇地祇就是地母。

后土最早是做甚麼的？典籍說法不一，大體有三種說法：一是炎帝的後裔；二是黃帝的輔佐；三是幽都的主宰。

第一說，炎帝的後裔。《山海經‧海內經》記道：「炎帝之妻，赤水之子聽沃生炎居，炎居生節並，節並生戲器，戲器生祝融，祝融降處於江水，生共工……共工生后土。」是說炎帝傳至六代到共工。共工是古代神話傳說中的水神，人面、蛇身、朱髮。共工生下了后土。也就是說，后土是炎帝的七世孫。

第二說，黃帝的輔佐。《禮記‧月令》記道：「中央土，其日戊巳，其帝黃帝，其神后土。」西漢劉安著《淮南子‧時則》：「中央之極，自崑崙東絕兩恆山，日月之所道，江漢之所出，眾民之野，五穀之所宜，龍門河濟相貫，以息壤埋洪水之州。東至於碣石。黃帝、后土之所司者萬二千里。」

后土娘娘像，山西永樂宮壁畫《朝元圖》

根據這個記載，黃帝和后土，不僅是同時代的夥伴，而且是親密的搭檔。黃帝是帝王，后土是靈魂。他們的職司是掌管廣袤大地。這塊廣袤的大地，西至高聳的崑崙，東到浩瀚的大海，約一萬二千里。碣石是海洋的標誌。

第三說，幽都的主宰。《楚辭・招魂》記道：「魂兮歸來，君無下此幽都些。」王逸注：「幽都，地下后土所治也。地下幽冥，故稱幽都。」幽都，指陰間。是說后土是陰間的主宰。

以上三說，似乎第二說得到了發展。

后土皇地祇最初的形象是男性。《國語・魯語》記載：「共工氏之伯九有也，其子曰后土，能平九上，故祀以為社。」這是說，共工氏有子，名后土，是地神。還有一種說法，認為后土皇地祇是顓頊之子。《山海經》甚至將后土皇地祇寫成誇父的爺爺。隋代以後，后土皇地祇開始以女性神仙形象出現。民間尊其為「后土娘娘」，將其供奉在后土祠中。

山西省萬榮縣西南四十公里處廟前村的汾陰后土祠（秋風樓），是神州大地上最古老的后土娘娘廟。古代帝王即位，都要郊祀社稷。萬榮后土祠，是明以前歷代帝王祭祀后土的廟宇。后土祠是海內祠廟之冠，北京地壇之源。它作為華夏根祖文化的源頭，已越來越顯現出其深邃的歷史文化內涵。

據祠中保存完好的《歷朝立廟致祠實跡》碑記和《蒲州

府記》記載,「軒轅氏祀地祈掃地為壇,於睢上,二帝八員有司,三王澤歲舉」。是說在四千多年前的軒轅氏時,在睢水岸邊,掃地築壇,選擇吉日良辰,二帝三王八大員出席,舉行了隆重的祭祀后土的典禮。

據北宋司馬光主編的《資治通鑒》記載,汾陰后土祠正式建廟,始於漢文帝後元年(前 163)。漢代祭祀后土形成了制度,每三年皇帝都要來這裡舉行一次大祭。漢文帝創建了秋風樓,以示尊崇。漢武帝劉徹,東嶽封禪,汾陰祀土,並於漢武帝元鼎四年(前 113)擴建汾陰后土祠,改廟為祠,定為國家宗祠,作為巡行之地。他一生曾八次祭祀后土,規模巨大,儀式崇隆,並創作了膾炙人口的千古絕賦《秋風辭》。據傳,漢武帝劉徹巡視河東祭祀后土廟時,正值晚秋,於是在汾河舟中歡宴群臣,慷慨高歌,寫下了《秋風辭》。漢昭帝、漢宣帝、漢元帝、漢成帝、漢哀帝和東漢光武帝等先後來此祭祀達十一次之多。

唐時,唐玄宗李隆基於開元年間(713—742),三次來此祭祀,並擴建祠廟。宋真宗趙恆大中祥符四年(1011),也來此祭祀。為彰顯對這次祭祀活動的重視,他還撥款對后土祠進行精心修葺。明萬曆年間,因黃河氾濫,后土祠陷入黃河。經先後兩次遷建,又均被黃河吞沒。現存建築是清穆宗同治九年(1870)新選廟址重建。明清時皇帝祭祀后土的儀式,遷徙於北京天壇。

清世祖順治十二年(1655)黃河氾濫,后土祠淹沒,只

留下門殿及秋風樓。清聖祖康熙元年（1662）秋，黃河決口，后土祠蕩然無存。清穆宗同治九年（1870），榮河知縣戴儒珍將此祠移遷於廟前村北的高崖上，這就是現在的后土祠。廟內現存建築有山門、井台、獻殿、香亭、正殿、秋風樓、東西五虎配殿等，建築宏偉，結構精巧。后土娘娘塑像，位居大殿正中，供人們膜拜瞻仰。山門與井台組成國內罕見的品字形戲台，對研究中國古代舞台形制提供了重要例證，具有極高的歷史藝術價值。

秋風樓位於祠的最後，因藏有元世祖至元八年（1271）鎸刻的漢武帝《秋風辭》碑而得名。憑河而立，崇峻壯麗。樓分三層，磚木結構，十字歇山頂，高 32.6 米。底部築以高大的台階，東西貫通。其上各雕橫額一方，東曰「瞻魯」，西曰「望秦」。正面門額嵌有《漢武帝得鼎》和《宋真宗祈祠》石刻圖，線條流暢，形象逼真。

據劉敦楨主編的《中國古代建築史》載，北宋后土祠是按照最高標準修建的，與文獻所載北宋東京宮殿大致相同。北京故宮在建築佈局和技法上，繼承了萬榮汾陰后土祠的建築特點。

現存的后土祠，成為民間祭祀的廟宇。其規模雖不及唐宋時之壯觀，但其佈局嚴謹完整，仍為國內后土祠廟之冠。近年各界人士，尋根問祖，祭祀后土，絡繹不絕。農曆三月十八是其誕辰日，信眾在當天主祀后土娘娘，以求賜福消災。

12

地獄法官十殿閻王

閻王是在民間有廣泛影響的陰間神祇。百姓對閻王十分稔熟，耳熟能詳。十殿閻王，略稱十王，是中國佛教所傳十個分管地獄的閻王的總稱。閻王名閻羅，最初是印度神話中掌管陰間之王，佛教沿用其說。十殿閻王不是舶來品，最初佛經中沒有這一提法。這是具有中國特色的閻王體系的一部分。中國特色的陰間是個等級森嚴的官僚體系。最高統治者是地藏王，以下是東嶽大帝，十殿閻王，五道將軍，判官鬼吏，黑白無常，牛頭馬面。

據佛學經書記載，閻王治下只設五官。鮮官禁殺，水官禁盜，鐵官禁淫，土官禁舌，天官禁酒。就是說，原來的佛教沒有十殿閻王，只設五官。

據說，中國佛教最早的說法是有十五個閻王。北宋志磐著《佛祖統紀》記載：「世傳唐道明和尚神遊地府，見十五分治之人，因傳名世間。」這裡的「十五分治之人」，就是十五個分管地獄的閻王。後來逐漸漢化，最終演變成了十殿閻王。

十殿閻王都有各自的職權範圍，有明確的分工。他們

對鬼，都有自己的處理方式。在《玉歷鈔傳》和《閻王經》中，都有詳細記載。

第一殿，秦廣王蔣。司人間天壽生死，統管幽冥吉凶。第二殿，楚江王歷。司管傷人肢體，姦盜殺生。第三殿，宋帝王余。司管忤逆尊長，教唆興訟。第四殿，五官王呂。司管抗糧賴租，交易欺詐。第五殿，閻羅王天子包。亦稱森羅王，司管因冤屈死，還陽申雪。第六殿，卞城王畢。司管怨天尤地，枉死涕泣。第七殿，泰山王董。司管取人骸骨，離人至戚。第八殿，都市王黃。司管在世不孝，違逆父母者。第九殿，平等王陸。司管殺人放火，斬絞正法者。第十殿，轉輪王薛。司管各殿解到鬼魂，分別善惡，核定等級，登記造冊。根據各鬼的表現，以便發四大部洲投生。

十殿閻王有一個頭領，就是第五殿閻羅王。十殿閻王的設置，很顯然是人世間等級體系的翻版，是人間官僚制度在陰間的延伸。十殿閻王都各自擁有一個漢姓，說明他們完全漢化了。

當然，如此造神造鬼，都是為了在心理上解決現實問題。

十殿閻王在民間影響很大。民間流傳一句話：「閻王叫你三更死，誰敢留你到五更！」說明閻王在民間的分量。十殿閻王大約於唐末五代時，在社會上開始流行。由於十殿閻王對人們具有某種威懾力，因此連道教也接受了這個閻王體系，以豐富道教理論。

陰界的最高主宰是地藏王，十殿閻王聽從地藏王的調遣。佛寺中，地藏王矜持地端坐在正面中央，十殿閻王恭敬地分立前面兩側。十殿閻王的造像，各具特色。中國重慶市著名的大足石刻，即大足石窟石篆山第九龕的北宋十殿閻王塑像，造型精美，韻味十足。

　　把陰界的地獄有形化，搬到陽界，這是一些人的想法。重慶市豐都縣東北隅的名山，古稱名都山，就有人造的鬼城。豐都成為「鬼城」，與道教密切相關。風景優美的平都山，被道家列為七十二福地之第四十五福地。

　　據《豐都縣誌》和東晉葛洪著《神仙傳》的記載，民間傳說西漢的王方平和東漢的陰長生，都曾隱居平都山煉丹修道，成了仙人。平都山最高頂是王、陰二人飛升之處，於是在山上建了「仙都觀」等廟宇。道家遂於此山特設天師，並將其列為三十六洞天、七十二福地之一。後人附會，「王、陰」便成為「陰、王」。以訛傳訛，從而被誤解為「陰間之王」。豐都也就成為陰王居住的「陰曹地府」，成為鬼都了。唐朝大詩人李白的著名詩句「下笑世上士，沉魂北豐都」，也使豐都鬼城的聲名遠揚。後經《西遊記》《鍾馗傳》等神魔小說的藝術渲染，豐都就顯得更加神秘莫測了。

　　東漢末，五斗米道在四川十分盛行，豐都屬巴郡，為早期道教的傳習中心之一。五斗米道吸收了不少巫術，被稱為「鬼道」。道中的巫師叫「鬼吏」。早期道教信仰是神仙人鬼混雜，這些也促成了鬼城的形成。於是，一大批陰間鬼神

湧入了此城。

　　鬼城模仿人間的司法體系，營造了一個陰曹地府。這個陰曹地府，有着融逮捕、羈押、審判、判決、教化等功能為一體的完整的系統。鬼城擁有眾多鬼神的歷代造像，這是中國古代雕塑家的精心之作。造像惟妙惟肖，栩栩如生。

　　每年農曆三月初三是鬼城廟會。此時，遊人如織，車船爆滿。各色各樣的鬼神表演，吸引着八方遊客，有陰天子娶親、城隍出巡、鍾馗嫁妹、鬼國樂舞等。

關羽關聖帝君

道教對三國蜀國名將關羽的稱號。道教還尊稱其為蕩魔真君、伏魔大帝、昭明翊聖天尊，簡稱關公、關帝，俗稱關老爺。

關羽歷史上實有其人。西晉陳壽著《三國志》對關羽的生平有詳細記載。元末明初小說家羅貫中所著的《三國演義》又對關羽的生平做了藝術的加工。關羽，字雲長，河東解良（今山西解虞縣）人。關羽相貌非凡。身長九尺，髯長二尺，面如重棗，唇若塗朱，丹鳳眼，臥蠶眉，相貌堂堂，威風凜凜。東漢末年，因豪強倚勢凌人，被關羽殺了，亡命奔涿郡。當時劉備在鄉里招兵買馬，他與張飛往投，誓共生死，救困扶危。在桃園結為異姓兄弟，不求同年同月同日生，只願同年同月同日死。後世傳為佳話，稱之為「桃園三結義」。他們同起義兵，爭雄天下，共推袁紹為盟主。在袁紹麾下，關羽「溫酒斬華雄」，威名大振。

官渡之戰前，曹操分兵東征，大敗劉備，關羽被俘。關羽同曹操約定三事而暫居曹營。曹操引關羽朝見漢獻帝，漢獻帝封其為偏將軍。在白馬之戰中，關羽斬袁紹大將顏良、文醜，朝廷封其為漢壽亭侯。以後掛印封金，過五關，

斬六將，仍投奔劉備。劉備封其為蕩寇將軍，並派其鎮守荊州，任荊州牧。劉備為漢中王，拜關羽為前將軍，假節鉞，率眾攻曹軍。關羽水淹七軍，擒于禁，斬龐德，威震華夏。在圍攻樊城時，關羽右臂中曹軍毒箭，名醫華佗為其刮骨療毒。關羽邊飲酒，邊下棋，談笑風生，旁若無人，表現出一派英雄氣概。後孫權派將襲荊州，他因驕輕敵，兵敗被殺，時年五十八歲。死後追謚為「壯繆侯」。孫權害怕劉備復仇，獻關羽首級至洛陽，欲嫁禍於曹。曹操識其謀，贈關羽為「荊王」，刻沉香木為軀，以王侯之禮葬關羽於洛陽南門外。故世有關羽頭葬河南洛陽關林，身葬湖北當陽王泉山之說。

關羽力敵萬夫，勇武異常，恪守忠義，堅貞不二。其一生的表現，為佛、道、儒三教稱道。《三國演義》描寫，關羽遇難後陰魂不散，蕩蕩悠悠，直至荊州當陽縣王泉山上空，大呼曰：「還我頭來！」山上老僧普淨聞曰：「昔非今是，一切休論；後果前因，彼此不爽。今將軍為呂蒙所害，大呼還我頭來，然則顏良、文醜、五關將等眾人之頭，又將向誰索耶？」關羽恍然大悟，遂皈依佛門。

宋代以後，關羽逐漸被神化。宋哲宗趙煦封其為「顯烈王」，宋徽宗趙佶封其為「義勇武安王」。元代加封為「顯靈義勇武安英濟王」。特別是元末著名長篇小說《三國演義》的產生，使得關羽名聲大震，在民間產生了極為深遠的影響，成為「古今第一將」。到了明代萬曆年間，明神宗朱翊鈞加封關羽為「協天護國忠義帝」「三界伏魔大帝神威遠鎮

關羽像，《關聖帝君聖跡圖誌全集》
清乾隆三十四年敦五堂重刊本

天尊關聖帝君」。清順治皇帝對關羽的封號長達二十六字，即：忠義神武靈佑仁勇威顯護國保民精誠綏靖翊贊宣德關聖大帝。清乾隆皇帝封其為忠義神武靈佑關聖大帝，配設武廟，列為國祀要典。

明清時代，關羽地位極顯。在民間，有「武王」「武聖人」之尊，儼然與「文王」「文聖人」孔老夫子並肩而立。

由於關羽被百姓附會成具有治病除災，驅邪避惡，誅叛剿逆，巡冥察司，乃至招財進寶，庇商佑賈等無邊法力，所以得到民間百姓的尊崇和膜拜。明清之際，各地的關帝廟蜂起，舊時僅北京一地粗略統計就達二百多座。據説，全國的各類廟宇中，關帝廟最多。而最大的關帝廟是山西運城縣解州西關的關帝廟。此廟佔地三十畝，地面中心建有一座春秋樓。樓內有一尊關羽的彩色塑像，形象逼真。

張道陵張天師

張天師即張道陵（34—156）。原名張陵，字輔漢，東漢沛國豐（今江蘇省徐州市豐縣）人，曾任江洲（今重慶市）令。五斗米道的開創人，道教的創立者。後代道教徒尊稱他為「張天師」。既然被尊為天師，其來歷自然也就被神化了。

傳說，張道陵母親感孕而生。東漢光武帝建武十年（34），張道陵的母親夢見魁星星君降臨。她醒來後，聞到室內芳香縈繞，久久不散，同時還發現自己懷了身孕。一年後，其子降生，取名張道陵。張道陵青年時期曾入當時的最高學府太學學習，博通五經。後來有一天，他頓悟「高官厚祿都無益於生命」，於是棄學從道，尋找長生之法。不久，他發現這些非己所長，便另尋他途。

創辦五斗米道。張道陵來到四川，見鶴鳴山（今四川省成都市大邑縣境）仙氣繚繞，便住了下來。不久，他撰寫道書二十四篇，為道教的創立積累了理論基礎。一日，天人千乘萬騎，坐羽蓋金車，紛紛而下。有的自稱是柱下史，有的自稱是東海小童，傳給道陵「新出正一明威之道」。他就用此道為百姓治病。治好病的百姓將他奉若神明，自稱弟子。

由此，來拜他為師的有數萬人。張道陵創立道派，凡入道者須交五斗米，故稱五斗米道。

明代作家洪應明撰《仙佛奇蹤》記載張道陵仙跡，活靈活現，想像非凡。相傳，張道陵是個神童，七歲就通曉《道德經》。後來選拔賢良方正，他當上了官。但是，他身在仕途，心想修煉。於是，便棄官入蜀，求真學道。來到鶴鳴山，收下弟子王長。他們在一起精煉龍虎大丹，三年丹成。張道陵此時年已六旬，吃了仙丹，相貌變得如三十多歲的年輕人。後來，他們找到了《皇帝九鼎太清丹經》，照此修煉，就獲得了神通，可以分形散神。張道陵先後降伏了白虎神、大毒蛇，聲威大震。一日，張道陵忽然夢見太上老君命他去降服六大鬼神，並賜給道陵經卷、秘訣，以及雌雄劍二把，都功印一枚。後來，張道陵與六大魔王經過一場苦戰，降服了他們。由於張道陵能鏟除人間妖魔，得到太上元始天尊的嘉許，升入天堂。時年一百二十三歲。

張天師在民間擁有眾多崇拜者。由於張道陵張天師神通廣大、法力無邊，可以降妖伏魔、驅鬼除怪、祛病延年、招福納祿，所以深受民間百姓的崇拜，向他燒香祈福的信徒眾多。

張道陵後代世世有一子承襲「天師」名號，一律統稱張天師。張天師代有傳人，不絕如縷。其祖庭在江西省貴溪縣龍虎山上清宮。據說，此處是張道陵最早修道煉丹的草堂。張道陵創立早期道教於四川，約百年後他的第四代孫

張天師，《有象列仙全傳》，明王世貞輯次，明萬曆時期汪雲鵬校刊本

張盛張天師於晉初將傳道中心遷還龍虎山，並在張道陵所築之壇舊址建傳篆壇。現在，張天師已經傳至六十五代，其名張意將，現居中國台灣。

　　經歷代經營，龍虎山建成了擁有十大道宮、八十一座道觀、號稱「仙都靈會」的龐大道教勝地。世稱道教第三十二福地。傳篆壇也成為歷代張天師傳經佈道的場所上清宮。上清宮是我國規模最大、歷史最久的道宮之一。

　　上清宮下二里的嗣漢天師府，簡稱天師府，是歷代張天師的起居之所。歷代帝王推崇其道，官其子孫，修建府第。天師府多達五百餘間。樓房殿閣，龍柱金壁，宏大瑰麗，形似皇宮。其中天師住房和養生殿，面積九百多平方米。

15

武當祖師張三丰

張三丰是個説法最多的神仙。他是何時人、他在何地生、他姓氏如何，這些都是一團謎，眾説紛紜，莫衷一是。

他到底是何時人？《異林》説是宋時人，常從太守入華山謁陳摶。《明史》或曰金時人，無名氏作傳又説出自元末。《張三丰先生全集・集記》定為元初人。

他到底在何地生？其籍貫何處，也歧説紛出。《山西通志》説是平陽人或猗氏人，《陝西通志》説是寶雞人，《四川總志》謂或曰天目人。但以遼陽懿州（今屬遼寧）人一説較多，《集記》予以肯定，並舉出其父母墓在遼陽積翠山。

他到底姓甚名誰？其名與字，尤為雜亂紛歧。其名：一名通，一名金，一名思廉，一名玄素，一名玄化。其字：字曰玄玄、山峰、三峰、君寶，《檗記》又稱字君實、鉉一、全一。其號：昆陽；因不修邊幅，又號張邋遢。

綜上，張三丰生於元初，遼陽懿州人，一名君寶，號昆陽，外號張邋遢。

據稱張三丰聰明過人，過目成誦，行為怪異，有奇士

相。一年到頭，只一衲一蓑。一餐能食升斗，或數日一食，或數月不食。料事如神，事能前知。最初住在寶雞縣，後入武當山。明太祖洪武二十四年（1391），明太祖派遣使臣在全國尋找他，但沒有找到。明成祖永樂初年，朱棣又派遣使臣到處察訪，還是沒有找到。明英宗正統元年（1436），朱祁鎮封「通微顯化真人」。明憲宗成化二十二年（1486），朱見深封「韜光尚志真仙」。明世宗嘉靖四十二年（1563），朱厚熜封「清虛元妙真君」。後人輯有《張三丰先生全集》。

據傳，張三丰曾經在湖北武當山（太和縣）結廬修行，修煉時間長達二十餘年。按理，《太和縣志》應該對張三丰有詳細記載，但那裡並沒有關於張三丰會拳術的記述。

張三丰真正為民間所熟知，那是明成祖朱棣以後的事。明太祖朱元璋有二十六個兒子。朱元璋立長子為皇太子，但皇太子不久病逝，就立長孫朱允炆為皇太孫。同時，將諸位皇子分封到各地為藩王，第四子朱棣封為燕王。後來，明太祖病逝，皇太孫朱允炆繼位，是謂建文帝。建文帝感到，對他的皇位構成最大的威脅是諸位封王的皇叔。為此，建文帝就採取了削藩的策略。他先是削掉了五位較弱的藩王，將他們廢為庶人，燕王朱棣亦岌岌可危。早有準備的朱棣殺掉朝廷大員，起兵造反。經過四年的苦戰，最後攻佔首都南京，趕跑了建文帝，自己做了皇帝，是謂明成祖。但是，建文帝的下落卻是個謎。

建文帝朱允炆的遺蹤有多種說法。有的說，他被宮中

張三丰，《有象列仙全傳》，明王世貞輯次，明萬曆時期汪雲鵬校刊本

的大火燒死了；有的說，他出家當了和尚；有的說，他成功地逃到了雲南；有的說，他出逃到了海外。

對於建文帝朱允炆的下落，明成祖朱棣是非常關注的，因為這關係到他政權的穩定。為此，明成祖朱棣就不惜重金，興師動眾，到處秘密察訪建文帝朱允炆的蹤跡。

第一個被派出尋找建文帝朱允炆蹤跡的是太監鄭和，他與王景弘等人於永樂三年（1405）出使西洋，目的之一是尋找建文帝朱允炆。《明史》中說：「成祖疑惠帝亡海外，欲蹤跡之。」於是便有了「三保太監下西洋」的盛事。

第二個受命秘密察訪建文帝朱允炆蹤跡的是戶科都給事中胡濙。明成祖永樂五年，朱棣命他以頒御製諸書及訪尋仙人張邋遢（張三丰）為名，「遍行天下州郡鄉邑，隱察建文帝安在」，其主要任務是想查找建文帝朱允炆的蹤跡。但收穫不大，除了得到更多的傳聞，並未有實質性的進展。然而，都給事中胡濙的察訪，地域很廣、層次很深、時間很長，而且是以察訪道士張三丰的名義進行的。因此，民間就都知道了皇帝要尋找一個著名道士張三丰。張三丰由此名聲大噪，百姓皆知。

直到明成祖永樂二十一年（1416），根據胡濙的密報，明成祖朱棣深信建文帝朱允炆已經死去，才下令停止追訪。但是，這已經過去二十一年了。而這二十一年間，張三丰的名聲已經深入人心。為此，明成祖朱棣不得不在武當山大修道觀，以掩人耳目。

明成祖朱棣知道，自己的皇權是武裝搶奪來的，名不正言不順。為此，明成祖朱棣尊奉道教真武帝君，希圖造成皇權神授的印象。湖北均縣武當山是我國道教名山之一，從周朝開始，即成為著名的道教聖地。明成祖永樂十一年（1413）六月，朱棣令隆平侯張信、駙馬都尉沐昕等人，徵調軍匠民夫三十多萬人，大規模營建武當山道教宮觀。明成祖朱棣下詔諭示群臣：「創建武當山宮觀，借太祖、太后之福，祈求天下黎民百姓，歲豐人康。」

營建武當山宮觀用了近六年時間，到明成祖永樂十六年（1418）十二月竣工。宮觀建成後，明成祖朱棣賜名為「太嶽太和山」，並把二百七十七頃農田連同田上農戶一起賜予宮觀，以供衣食之用。另又挑選道工近三百人負責管理、灑掃宮觀等事宜。宮觀包括殿觀、門廡、享堂、廚庫數百間，明成祖朱棣還親製碑文記述這一事件。

武當山經過這次大規模營建之後，吸引了大批香客、遊人。各地藩王也無不效仿，紛紛在所在各州設立道觀。為此，明成祖朱棣在各州設置官吏和千戶所，用以管理道教事務。明成祖朱棣以後，凡新皇帝即位，都派使臣前往武當山祭拜真武帝君，以此表明自己受命於天。後來的明世宗嘉靖皇帝再次對武當山宮觀進行大規模修建，奠定了武當山八宮、兩觀、十祠、三十二庵的規模。

武當山道觀裡的銅鑄塑像，別具一格。明成祖朱棣擴建的武當宮觀內有大小道教神像數以萬計，這些塑像以銅

鑄像為主，製作精細，充分顯示了當時高度發達的金屬鑄像水平。現存於武當山文物保管所的張三丰銅鑄塑像，做於明代永樂年間，是一件極為珍貴的文物，也是現今保存較好的作品之一。鑄像張三丰正襟危坐，面目和善，沉穩嚴肅，精神矍鑠。其體內似蘊藏着綿綿無盡的沛然真氣。在衣褶處理上，作者採用了完全寫實的手法。衣褶平貼着身體，線條流暢，十分真實。整個銅像重達七千餘斤，是明代銅像中難得的佳作。

中國功夫，南有武當，北有少林。北方少林派注重腿法，它踢腿很厲害，叫「南拳北腿」。除了練腿法以外，它的內功也很重要，叫「內練一口氣，外練筋骨皮」。而武當山的內家拳，主要是和道教文化有關係。它強調的是，以靜制動、以柔克剛，四兩撥千斤的功夫。在武當派拳論中有這樣的精闢論述：「以氣為源，以椿為本，動靜結合，守中用中，無微不至，無堅不摧。」張三丰主張，太極拳神韻超然，體用兼備。它體現出道家清淨自然、行雲流水、動如抽絲、靜如山嶽的修煉方法。張三丰獨創出武當武術的獨特風格、即鬆沉自然、外柔內剛、行功走架，連綿不絕。

張三丰還有一些民間故事。張三丰原名張君寶，自小被父母送到清風觀修行。君寶生活在南宋時期，岳飛率軍北伐，江南義軍群起響應。然而，奸相秦檜卻為一己私利陷害岳飛，煽動皇上以十二道金牌將岳飛招回。江南義軍探知秦檜陰謀，力圖營救岳飛。於是，舉行了一場武林大會，

推舉盟主。在武林大會上，張君寶結識了武林盟主易天行以及女俠秦思容等。誰知，秦思容乃秦檜養女，被秦檜安置在義軍中做臥底。由於秦思容的告密，岳飛終在風波亭就義，張君寶卻在無意之間得到岳飛的遺物。為追討遺物，秦檜四處派出殺手，開始了對張君寶的一路追殺。

關於張三丰，民間還有另外的傳說。張三丰的「豐」，亦作「峰」。宋代技擊家，武當派之祖師。其法以禦敵為主，非困不發，純用內功，故稱內家拳。其實，宋朝時的張三峰就是張三丰，他們是同一個人。

歡
樂
神

16

福神天官大帝

福神是民間信仰的吉祥神。福神到底是誰呢？中國民間信仰的福神有兩位：一位是賜福天官；一位是刺史楊成。

第一個福神是賜福天官。在民間，我們經常看到的是天官賜福的畫像，尤其是新年除夕，更是隨處可見。民間信仰天官起於何時，很難考證。至少在清代，天官信仰已經極其廣泛。「天官賜福」的年畫，豐富多彩。天官是個甚麼樣子呢？年畫的天官形象深入人心，畫中天官呈朝廷大員形象：頭戴宰相帽，身穿大紅袍，腰扎彩色帶，手持如意柄。眉毛高挑，眼睛細長，長鬚五綹，面容慈祥，一副雍容華貴的氣派。有的畫上，天官手持一幅展開的條幅，上寫「天官賜福」四個大字。那麼，這個天官到底是誰呢？

其實，這個天官是道教教義中的官員。道教相信，為人治病，必須進行祈禱。祈禱時，必須寫成文書。文書一式三份，「其一上之天，著山上，其一埋之地，其一沉之水」。這叫做「三官手書」，祈禱於「三官」。所謂的「三官」，即天官、地官、水官。道教宣稱三官能為人賜福、赦罪、解厄，也就是天官賜福，地官赦罪，水官解厄。這就是「天官賜福」

的來歷。人們禮拜他，無非是祈望得到他的庇佑。

第二個福神是刺史楊成。《三教源流搜神大全》卷四記載：「福神者本道州刺史楊公諱成。昔漢武帝愛道州矮民，以為宮奴玩戲。楊公守郡以表奏聞，云『臣按五典，本土只有矮民，無矮奴也』。武帝感悟，更不復取。郡人立祠繪像供養，以為本州福神也。後天下黎民士庶皆繪像敬之。以為福祿神也。」這是說，福神是漢武帝時道州（今湖南道縣）刺史楊成。道州的人個子非常矮，當時外地人都稱之為道州矮民。漢武帝非常喜歡這些矮小的男人，每年都從道州挑選數百名做宮奴，供他玩耍。楊成任此郡刺史後，上奏漢武帝，「本土只有矮民，沒有矮奴」。武帝這才有所悔悟，不再令道州上貢矮民。道州人遂立其祠，繪其像供養，奉為本州的福神。後來很多地方都繪其像，奉其為福神，虔誠供奉。

有的學者考證說，福神不是這位漢朝的楊成，而是唐朝的陽城。學者認為，歷史上確有其事，但不是楊成，而是陽城。陽城也不是漢武帝時人，而是中唐時人。《新唐書·陽城傳》載：「（道）州產侏儒，歲貢諸朝。（陽）城哀其生離，無所進。帝使求之，城奏曰：『州民盡短，若以貢，不知何者可供。』自是罷。州人感之，以『陽』名子。」這是說，唐朝時，道州到處是個子矮小的男子，叫侏儒。朝廷喜歡侏儒，諭旨每年必須向朝廷進貢。陽城的百姓對這種生離，感到十分痛苦，就沒有進貢。於是，皇帝派人多次迫求。無

奈，刺史陽城上奏道：「道州的百姓，都長得很矮，如果進貢，不知道進貢哪一個。」從此，進貢侏儒就停止了。道州的百姓很感激他，就在他的名字前面加上個「陽」字，以後就叫陽城。

這個考證是有道理的。但是，民間習慣把福神叫楊成，我們也仍然叫他楊成。

祿神文昌星

祿神是指可以給人們帶來高官厚祿的吉祥神。祿，指官吏的薪俸。祿位，指薪俸官位，後泛指升官發財。舊時，人們追求的往往是高官，因為高官可以帶來厚祿。所謂「三年清知府，十萬雪花銀」，說的就是這個意思。

那麼，祿神到底是誰呢？其實，祿神給人的印象是很模糊的，很難確認到底是誰。民間所說的祿神，大體有二位：一位是天上祿星；一位是送子張仙。

祿神的第一位原型是天上祿星。祿星原來是天上的一顆星。相傳名張亞子，為晉朝打仗，不幸戰死。據《史記‧天官書》記道：「文昌宮……六日司祿。」即是說，文昌宮的第六星是專門掌管祿星的。民間對祿星的崇拜，逐漸將祿星人格化，成為同福星、壽星一樣的神仙了。傳統戲曲中有「祿星抱子下凡塵」的唱詞。傳統年畫中福祿壽三星中，祿星有時懷抱一小兒。因此，有人說祿星也是送子神仙。

祿神的第二位原型是送子張仙。他是民間所信奉的祈子之神，是五代時在青城山得道的仙者，本姓張名遠霄。相傳，蘇洵曾夢見張仙手拿兩顆彈丸，知是得子之兆，便

求來張仙像供奉，果然得了蘇軾、蘇轍二子。還有一個傳說。宋仁宗嘉祐年間，皇帝趙禎有一日夢見一個美男子。他面色粉紅，長鬚五髯，挾弓彈上前來，對皇上說：「皇上向來有天狗把守城垣，所以才沒有子嗣。憑您普施仁政，我要用弓彈把天狗趕走，使您能夠得到子嗣。」皇帝趙禎半信半疑，請他詳細說明原委，他說道：「我是桂宮張仙。天狗在天上掩蔽日月，到世間就吞吃小兒，但它見了我就會躲開。」皇帝趙禎醒後，當即命人懸掛張仙圖像，供奉祭祀。此後民間沒有子嗣的人，就都對張仙像頂禮膜拜。

按中國民間傳統，百姓對祿神是很崇拜的。由此，對動物世界的梅花鹿也情有獨鍾。鹿，與祿同音。中國傳統民間吉祥圖案，就有「百祿圖」。圖上畫着在高山大嶺中棲息的近百頭形態各異的鹿，百是虛指。整幅畫是祝福俸祿大增的意思。還有一幅「加官受祿」圖，畫着一個官員正撫摩着一頭雄鹿，表達了「加官受祿」的主題。

傳統的喜劇戲曲中，有時在正戲的開頭，作為墊場戲，有一出無言的《跳加官》獨角戲先行演出。表演者在台上三上三下。他身穿大紅袍，面戴加官臉。所謂加官臉，是一笑容滿面的假面具。表演者手捧朝笏，走上戲台，繞場三周，然後退下。這是見面禮。再進場後，抱一小兒，繞場三周，退場。這是說明他是送子神仙。最後出場，笑容滿面，邊跳邊向觀眾展示手中所持紅色條幅，上邊寫有「加官進祿」之類的頌詞，再繞場三周後，退場。這是祝福觀眾升官發財。

然後是正式節目開始。

　　這就是戲台上常演的所謂彩頭戲「跳加官」。這位獨角戲演員所扮的紅袍白面官員，即祿星，又叫「司祿神」。跳加官多用於節日喜慶之時。

18

壽神南極老人

民間傳說壽神是主宰人間壽夭的吉祥神。經過多年的演化，壽神的形象完全定型。許多年畫，都畫有他的畫像。其特點極為鮮明：大腦袋，寬腦門，短身材，長鬍鬚，笑模樣，高手杖。這是一位慈眉善目、和藹可親的老人。明吳承恩著《西遊記》第七回道：「霄漢中間現老人，手捧靈芝飛藹繡。長頭大耳短身軀，南極之方稱老壽 —— 壽星又到。」這是作家吳承恩筆下的壽神形象。

壽神的原型是天上的南極老人星，又稱南極仙翁。據說是指天上的兩個星宿：一個是角亢二宿；一個是南極老人星。

壽神的原型，第一個是指角亢二宿。星宿，是單個星的集合體，即一撮星。天上二十八星宿中東方七宿依次為角、亢、氐、房、心、尾、箕，呈蒼龍之形。其中角宿有兩顆星，因其像羊角，故名為角，在東方蒼龍七宿中如龍角；亢宿有四顆星，直上高亢，故名為「亢」，在東方蒼龍七宿中如龍頭。現代天文學將此二宿劃入室女座。其中角宿，是一等亮星，每年五月初傍晚即在東方低空出現，晚七時以後可以清楚得見。

壽神的原型，第二個是指南極老人星。這顆星，天文學的名字叫船底座阿拉發星，位於南半球南緯五十度以南，是一等以上的亮星。因它處於南緯五十度以南，在我國北方不容易看到。但在長江以南，尤其是嶺南地區，卻很容易看到。特別在二月間晚八時以後，它出現在南天的低空，周圍沒有比它更亮的星，所以很顯眼。

秦朝的皇帝很崇拜南極老人星。《史記‧封禪書》說：秦並天下，「於社亳有壽星祠」。這是說，秦朝統一全國後，在首都咸陽建造了壽星祠，供奉南極老人星。供奉的原因，是認為南極老人星很靈驗，見到他，天下太平；見不到他，天下就動盪。他可以掌管國運的長短。因此，立祠供奉南極老人星，以便取得他的祝福。

漢朝的皇帝也很重視禮拜南極老人星。據《漢書‧禮儀志》記載，漢明帝期間（58—76 年在位），曾主持一次祭祀壽星的儀式。他親自敬獻貢品，宣讀尊敬老人的祭文。同時，還特意安排了一次宴會，與會者均為七十歲以上的古稀老人。盛宴之後，漢明帝還恭敬地贈送酒肉穀米及一柄手杖。漢明帝此舉，得到了社會各階層的廣泛認可。

唐李白《送陳郎將歸衡山》詩云：「衡山蒼蒼入紫冥，下看南極老人星。」說明唐朝時，南極老人星的形象已經深入人心。

這兩種不同的壽星說法，至唐朝，始合二為一。

女壽仙麻姑

麻姑是民間傳說中著名的女壽仙。麻姑神像、麻姑獻壽，是民間風俗畫的主要題材之一。但是，麻姑的來歷卻說法不一。

一種是神仙王方平之妹。明洪應明著《仙佛奇蹤》記載，麻姑是神仙王方平之妹。漢桓帝某年的七月七日，王方平從天而降，着遠遊冠，乘五龍車，如大將軍一樣。降臨後，即派人迎接麻姑。麻姑年十八，頂中作髻，長髮至腰，錦衣繡裳，光彩耀目。她是一個很漂亮很時尚的女孩子。麻姑神通廣大，她可以「索少許米來擲地，皆成丹砂」。麻姑的手很特別，像鳥的爪子。有一個不知深淺的蔡經，想讓麻姑用手給他撓背。王方平生氣了，用鞭子抽打蔡經，說：「麻姑是神仙，你知道嗎？」

麻姑的壽命極長，她已經看到「東海三為桑田」「蓬萊水又淺矣」。滄海變成桑田，一次需要幾千萬年。麻姑看到了三次滄海變桑田，說明她的壽命也至少有數個幾千萬年了。民間傳說她是壽仙，就不足為怪了。

一種是將軍麻秋之女。清褚人穫著《堅瓠秘集》卷三引《一統志》云，傳說麻姑是後趙石勒時麻秋之女。麻秋是十六國時後趙的征東將軍，是胡人。在歷史上，麻秋以殘

暴出名。民間相傳，小孩夜間啼哭，母親就嚇唬孩子：「麻胡來了！」麻姑雅慕神仙，深知道術。相傳她曾多次勸諫父親說：「殺人還自殺，好生還自生，希望您不要枉殺人命。」麻秋不僅不聽，在發現麻姑幫助民工後，還用鞭子打她。麻姑一怒之下，離家出走，來到羅山修煉。後來，麻姑在望仙橋飛升。

還有一個關於麻姑的傳說。元朝至元（1264—1295 年）年間，村婦劉氏忽夢一女官，自稱麻姑，乞求用堂前大槐樹修廟。睡夢中的劉氏假意應允。醒來後，她覺得此事有異。幾天後，忽然風雷大作，堂前大槐樹旋即被風連根拔起，隨風雨而去。劉氏匆忙趕往麻姑廟，只見大槐樹已臥在廟前。

據說，王母娘娘在農曆三月初三聖誕時，隆重舉辦大型的蟠桃盛會，麻姑亦在嘉賓之列。她精心準備了一份特殊的禮物 —— 絳河水和靈芝釀造的甘甜美酒。王母娘娘得到此酒，非常高興。這就是著名的「麻姑獻壽」的故事。

麻姑的老家，據說是江西省南城縣。那裡有座麻姑山，山姿秀美，景色宜人。這是道教三十六洞天的第二十八洞天，叫「麻姑山丹霞宛陵洞天」。又是七十二福地的第十福地。唐朝著名書法家顏真卿任撫州刺史時，曾撰寫了《麻姑山仙壇記》，至今猶在。晉朝的真人葛洪就曾於此煉丹。相傳，麻姑在此得道升天。

男壽翁彭祖

彭祖是中國古代神話傳說中的壽星佬和養生家。據西漢劉向著《列仙傳》、明洪應明著《仙佛奇蹤》和《繪圖歷代神仙傳》的記載，彭祖是殷朝時的大夫，姓籛，名鏗。上古五帝之一顓頊的孫子，陸終氏的兒子。陸終氏生六子，他是第三子。

彭祖經歷的時代是夏朝到殷朝末年。帝堯的時候，擅長烹飪野雞湯的他主動進獻，堯便把彭城封給他，所以後世稱他為彭祖。舜的時候，他師從神仙尹壽子，得到真傳，之後隱居武夷山。到商代末年，已有七百六十七歲（或說有八百餘歲）。另有學者解釋，上古用干支記日法，一個甲子就是六十日，若按七百六十七個甲子計，彭祖則活了四萬六千零二十日，即一百二十六歲。總之，彭祖作為長壽的象徵，連春秋的先聖孔子都很傾慕他，莊子和葛洪也讚歎他壽命之長久。

可見，彭祖最值得研究的是他那獨到的養生術。總結起來，共六個字。第一是靜。彭祖心靜，不為仕途忙碌。商王請他做大官，他雖然勉強接受了，但常託病不上朝。第二是補。他用水桂花、雲母粉、麋角散自製補藥，日日進補，致容顏不老。同時，還要通陰陽。第三是行。他有車馬，但

基本不用，出門就靠兩條腿，即使出門百日也是如此。第四是少。他吃得少，他出外周遊，無論多久，都不帶乾糧。第五是養。他每日行導氣之法，攻治患處，存精神於體內。第六是廉。商王為討得長生不老之術，贈予彭祖數萬金，彭祖都分給了百姓。

由於彭祖百般推脫，不肯向商王傳授長壽之術，商王便請來采女，間接向彭祖問道。彭祖告訴她，君王要成仙，須養精、服藥，兼佐以男女交接之道。這是彭祖養生的一個關鍵法門 —— 通陰陽。采女獲得了秘籍後，便傳授給商王。商王既得秘籍，貪心驟起，欲獨霸之，便下令將所有傳播彭祖之術的人處死。等官兵到了彭祖的住所，其人已不見蹤影了。後來，商王淫蕩過度而死。民間則傳說，是彭祖施了道法，將商王除掉了。

彭城在今江蘇省徐州市。這裡名人輩出，除彭祖外，還有漢高祖劉邦、五斗米道創始人張道陵、東吳大帝孫權、西楚霸王項羽、明太祖朱元璋等歷史上赫赫有名的大人物。徐州是彭祖故國，這裡有關彭祖的古跡也非常多，有彭園、彭祖祠、彭祖廟、彭祖墓、彭祖井等。

王母娘娘西王母

王母娘娘，又名王母、金母、西姥、西王母。中國古代神話中的女神。明洪應明著《仙佛奇蹤》卷一記載：「西王母，即龜台金母也。得西華至妙之氣，化生於伊川。姓緱，諱回，字婉妗。配位西方，與東王公，共理二氣，調成天地，陶鈞萬品。凡上天下地女子之登仙者，咸所隸焉。」就是説，西王母，名緱回，字婉妗。生在伊川。

還有一説，認為王母娘娘是元始天尊之女。據東晉葛洪著《枕中書》載，元始天尊與太元聖母通氣結精，生九光真王母，號曰太真王母，即西王母。

西王母的形象和地位有過三次重大變化。她的形象一次比一次漂亮，地位一次比一次顯赫。

第一個形象，《山海經》云：「其狀如人，豹尾虎齒，善嘯，蓬髮戴勝。」即是説，王母長得像人，有一口虎牙，一條豹尾，善於吼叫，頭髮散亂，戴着頭飾。這是個半人半獸的形象。據説是職掌瘟疫、刑罰的怪神。

第二個形象經文人的增飾，其形象和地位都有很大變化。在晉朝文學家郭璞所著的《穆天子傳》裡，成為一個與

西王母漢畫像磚

人間天子同席飲宴，雍容平和的女王。她和周穆王酬酢賦詩，應答自如。這裡的西王母已經擺脫了獸氣，變成了一個天仙。

第三個形象，在東漢文學家班固撰寫的《漢武帝內傳》一書中，王母娘娘則成為年約三十、容貌絕世的女神。有的書上說，西王母「若十六七女子」。西王母有大群仙姬隨侍，並受人間漢武帝禮拜。西王母又擁有了長生不死的長壽藥，還得到了三千年結一次果的蟠桃。她的地位躍進了一個大台階。西王母把獨一無二的蟠桃賜給了漢武帝，漢

武帝受寵若驚。

在唐末道教學者杜光庭所著的《墉城集仙錄》裡，西王母更成為掌管女仙名籍的神仙領袖。世之升天之仙，「其升天之時，先拜木公，後謁金母。受事既訖，方得升九天，入三清，拜太上，覲元始天尊。」

文人又給西王母初期的形象平反，討好地說：「蓬鬢戴勝，虎齒善嘯者，此乃西王母之使，金方白虎之神，非王母之真形也。」說那個半人半獸的傢伙，不是王母，而是王母的使者。

因《漢武帝內傳》裡有王母賜蟠桃給武帝的情節，後世小說、戲曲多據此，衍為西王母設蟠桃盛會的故事。每當蟠桃成熟時，西王母大開蟠桃壽宴，諸仙都來為她上壽。《淮南子》《搜神記》等又有「羿請不死之藥於西王母，姮娥竊以奔月」的記載，故舊時民間又視西王母為長生不死的象徵。

最近，一些學者提出了全新的見解，認為王母娘娘歷史上確有其人，是部落的女酋長。考古學者甚至找到了西王母當年的住處。青海省天峻縣西南二十公里處，有一座獨立的小山。山的西側有一個深幾十米的山洞，據學者考證，這是五千多年前西王母古國女首領的居所。石洞內有千姿百態的岩畫，以及過往僧道題寫的經文和繪畫的經畫。石洞的對面曾建有西王母寺，現已坍塌損毀，不見蹤影。

王母娘娘的出道日是農曆三月初三，誕辰日是農曆七月十八。

22

趨吉避凶喜神

喜神又稱吉神。嚴格地說，喜神是個抽象神，而不是具體神；是個概念神，而不是血肉神。但是喜神有一個特點，就是具有定向性，具有方位性。到後來，喜神也有了自己的形象，有了具體的神名。

開始，民間祭祀喜神都是抽象的，沒有具體喜神形象。農曆春節和婚慶典禮是喜神出鏡率最高的日子。春節大年初一迎喜神的習俗，流傳至今。春節祭祖是遠古祖先崇拜的餘韻。祈求祖先陰靈護佑，降福於己，自然要把祖先看作「喜神」了。長江流域各地，元旦拜神敬祖後，視曆書今年喜神的方位，點燃燈籠，燒起火把，鳴響爆竹，開門出行，面對吉方跪拜，稱為「出大方」或「出行」，以迎喜神。四川人稱之為「出行」，上海人稱為「兜喜神方」。人人朝着吉方走，走到一座香火旺盛的廟上，燃起香燭，禮拜菩薩。祈求神明保佑自己，一年吉祥。

劉雅農在《上海閒話》中是這樣描述上海人在新年子夜「兜喜神方」的情形的：「除夕夜半後，滬俗有兜喜神方者。據時憲書所載，如甲戌，喜神在東北，則出門即向東北行，謂可遇佳運。遠近不拘，繞街一匝而返。十里洋場，素稱繁

華，紈綺子弟以及富商巨賈，往往以兜喜神方為名，挾青粟者，乘鋼絲馬車，招搖過市。」此外，清末的社會寫實小說《九尾龜》《海上花列傳》等，都有新年初一，當紅妓女穿着紅裙去兜喜神方的描述。從前的妓女們平日是不准穿裙子的，更不能穿紅裙，因為紅裙是正室夫人的章服。只有大年初一可以破例，於是她們紛紛在大年初一穿起紅裙，出門逛街，迎喜神。

無獨有偶。舊時，北京妓院中也有「走喜神方」的風俗。大年初一天剛亮，她們要去「走喜神方」，認為遇得喜神，一歲康寧。

婚慶典禮膜拜喜神，很有講究。新娘的坐臥立行，都要面對喜神。入屋後，新娘要根據陰陽先生所指示的喜神方位，面向神或坐或立。只有這樣，新娘的一生才能喜事連綿不斷。但這喜神的方位是變幻無定的，每天每時都不相同。

某天某時的喜神在甚麼方位上，只有請陰陽家指示才能知道。據《破除迷信全書》卷十引清乾隆皇帝指示編撰的《協紀辨方書》云：「喜神於甲己日居艮方，是在寅時（3–5時）；乙庚日則居乾（代表天）方，是在戌時（19–21時）；丙辛日居坤（代表地）方，是在申時（15–17時）；丁壬日居離（代表火）方，是在午時（11–13時）；戊癸日居巽（代表風）方，是在辰時（7–9時）。」推定喜神所在的方位以後，新娘子上了轎，轎口必須對準該方向，稍事停留，叫做迎喜神，然後才能出發。當然，這些都是迷信。

隨着時間的推移，喜神也找到了自己的形象。最初的喜神是借用天官賜福的形象，沒有甚麼創造。後來，和合二仙也成了喜神。舊時民間舉行婚禮時，常掛和合像，取「和諧好合」之意，以圖吉祥喜慶。

歡樂神劉海

劉海是中國民間喜聞樂見的歡樂神。他在民間享有很高的知名度，可以說是一個神仙明星。戲曲有《劉海戲蟾》《劉海砍樵》；年畫有《劉海戲金錢》《劉海戲金蟾》。這些信息的廣泛傳播，使得劉海幾乎家喻戶曉，婦孺皆知。那麼，劉海到底是何許人呢？

這得先從一個傳奇故事說起，這是一個清代的筆記小說裡談到的。蘇州有一個大商人貝宏文，家貲富有，樂善好施。康熙年間，有一男子，自稱阿保，登門自薦當傭人。貝宏文見他無依無靠，就爽快地答應了。阿保很勤快，只幹活，不收工錢。有時一連幾天不吃飯也不餓，貝家感到很奇怪。更讓人感到奇怪的是，他的手很有功夫，他刷洗尿壺時，竟然能將其外翻洗刷，刷完後還可以再翻回來。陶瓷在他的手裡，如同羊肚子一樣柔軟。還有奇怪的事。元宵節時，阿保抱着小主人去逛燈會，半夜未歸，家裡人很着急。直到三更才回來，主人責怪他，他說：「這兒的燈不熱鬧，我帶小主人去了一趟福建省城，那裡的燈才好看呢。主人何必着急呀！」主人嚇了一跳，但又細想，這是瞎說，省城這麼遠，他怎麼能在這麼短的時間內去個來回呢？不料，小主人從懷裡掏出一把鮮荔枝，讓父母品嘗。貝家人

才恍然大悟，阿保是個奇人。

　　阿保還有更加讓人奇怪的事。有一天，阿保從水井裡釣上一隻三足大蟾蜍，並用數尺彩繩紮好，扛在肩上，興奮地對人說：「這個傢伙一旦逃走，誰也別想得到它。我不費事就得到它了！」蟾蜍而三足，十分罕見。這個消息不脛而走，都認為神仙海蟾子來到了貝家。人們爭搶著到貝家一睹海蟾子的風采，擁擠得走不動了。此時，人們驚異地看見，肩扛蟾蜍的阿保從庭院裡，冉冉升空而去。

　　這個阿保，就是神仙劉海的化身。其實，劉海不是他的真名。據明王士禎著《列仙全傳》記載，劉海，原名劉海蟾。劉海蟾，名劉玄英，號海蟾子，初名操，一說名哲。五代時燕山（今屬北京）人。遼朝進士。燕主劉守光的宰相。好黃老之學。

　　某日，劉操遇到了一件奇事。忽然一個道士貿然來訪，自稱正陽子，劉操熱情接待。道士落座後，讓劉操拿出十個雞蛋和十文銅錢。然後，先將一文銅錢置放到桌子上，再把一個雞蛋平穩地放到銅錢上。以此類推，一文銅錢，一個雞蛋，逐漸地累疊成一個類似寶塔的形狀。顫顫巍巍，危如累卵。劉操見狀，大驚道：「太危險了！」道人趁機說：「人身居榮祿之場，足踏憂患之地，其遭遇的危險比這個大多了！」聽到這句飽含人生哲理的話語，劉操震驚了。他大震撼，大醒悟。從此，遁跡於終南山，在山中潛心修煉。終於煉出了道教仙丹，服用後，屍體化解。有一股白色氣體，從

腦門噴出，幻化成了一隻白鶴，翩翩飛上了天堂。這是關於劉操出家的一個版本。

其實，還有劉操出家的一個真實的版本。後梁太祖朱溫於開平三年（909）封劉守光為燕王。過了兩年，後梁末帝乾化二年（912）劉守光僭稱燕帝。劉操極力勸諫，劉守光不聽，劉操託疾掛印離去。並改名劉玄英，取道號海蟾子。從此，遊歷名山，遍訪道友。後巧遇呂純陽，受其真傳，得其仙道，並遁跡於終南山、華山之間。道教全真道奉其為北五祖之一。全真道尊奉王玄甫、鍾離權、呂洞賓、劉海蟾為四大祖師。加上全真道的創始人王重陽，合稱北五祖。元時，劉海蟾的地位進一步提升，元太祖忽必烈封其為明悟弘道真君。至元武宗時，劉海蟾被加封為帝君。

至於劉海戲金蟾的說法，是劉海蟾一名的析離和訛傳。

據清褚人穫著《堅瓠五集》記載，劉海蟾十六歲中進士，五十歲當宰相。得道出家後，他應該是一個白髮老者。但是，流行的劉海圖像，卻是一個翩翩少年。劉海的形象，是笑逐顏開的，是樂觀向上的。這是一個給人帶來歡樂的喜慶神。傳統年畫《福字圖》裡，劉海是必不可少的人物形象。

祭祀本命星順星

順星，道教神名。也稱本命星、六十元辰，又稱六十甲子，是道教信奉的趨吉避凶的本命神。

中國古代傳統的計時方法，是天干地支法。用十天干即甲、乙、丙、丁、戊、己、庚、辛、壬、癸與十二地支子、丑、寅、卯、辰、巳、午、未、申、酉、戌、亥，循環相配，由甲子起至癸亥止，共得六十對，用此計年，六十年為一週，稱「六十甲子」。

道教稱六十甲子為六十位星宿。每個星宿各有一神，共有六十位神，輪流值年。道教吸收民間流行的計年方法，並提出「本命」的説法，稱凡本人的出生年六十甲子干支之年，叫本命元辰，本命年。當年值班的神就是某人的本命神。如某人出生於甲子年，那麼甲子即是其本命元辰，甲子年即是其本命年。本人的出生日在六十甲子的干支，叫本命日。相傳，禮祀本命元辰之神，可以保佑一生平安順利，吉祥如意。中國民間將此種做法，叫做「求順星」。

就此，道教還提出了「太歲」的説法。太歲亦稱歲神，是道家眼中的「大將軍」。每年都有一個太歲，即有一個大將軍，這位大將軍是不能動的。如果要動土搬遷，一定要避

開大將軍的方位。清顧張思著《土風錄》記:「術家以太歲為大將軍動土遷移者必避其方。」明馮應京著《月令廣義．歲令二》:「太歲者,主宰一歲之尊神。凡吉事勿衝之,凶事勿犯之,凡修造方向等事尤宜慎避。又如生產,最引自太歲方坐,又忌於太歲方傾穢水及埋衣胞之類。」那麼,怎麼尋找大將軍的方位呢?很簡單。以 2014 年為例,這年是甲午年,它的太歲大將軍就在甲午,以此類推,共有六十個不同的太歲大將軍。

這六十位太歲大將軍各有其名,讀者不妨對號入座,根據自己的本命元辰,找找自己的太歲大將軍。他們是:

甲子太歲金辨大將軍,

乙丑太歲陳材大將軍,

丙寅太歲耿章大將軍,

丁卯太歲沈興大將軍,

戊辰太歲趙達大將軍,

己巳太歲郭燦大將軍,

庚午太歲王濟大將軍,

辛未太歲李素大將軍,

壬申太歲劉旺大將軍,

癸酉太歲康志大將軍,

甲戌太歲施廣大將軍,

乙亥太歲任保大將軍,

丙子太歲郭嘉大將軍,

丁丑太歲汪文大將軍，

戊寅太歲魯先大將軍，

己卯太歲龍仲大將軍，

庚辰太歲董德大將軍，

辛巳太歲鄭但大將軍，

壬午太歲陸明大將軍，

癸未太歲魏仁大將軍，

甲申太歲方傑大將軍，

乙酉太歲蔣崇大將軍，

丙戌太歲白敏大將軍，

丁亥太歲封濟大將軍，

戊子太歲鄒鐺大將軍，

己丑太歲傅佑大將軍，

庚寅太歲鄔桓大將軍，

辛卯太歲范寧大將軍，

壬辰太歲彭泰大將軍，

癸巳太歲徐單大將軍，

甲午太歲章詞大將軍，

乙未太歲楊仙大將軍，

丙申太歲管仲大將軍，

丁酉太歲唐傑大將軍，

戊戌太歲姜武大將軍，

己亥太歲謝太大將軍，

庚子太歲盧秘大將軍，

辛丑太歲楊信大將軍，

壬寅太歲賀諤大將軍，

癸卯太歲皮時大將軍，

甲辰太歲李誠大將軍，

乙巳太歲吳遂大將軍，

丙午太歲文哲大將軍，

丁未太歲繆丙大將軍，

戊申太歲徐浩大將軍，

己酉太歲程寶大將軍，

庚戌太歲倪秘大將軍，

辛亥太歲葉堅大將軍，

壬子太歲丘德大將軍，

癸丑太歲朱得大將軍，

甲寅太歲張朝大將軍，

乙卯太歲萬清大將軍，

丙辰太歲辛亞大將軍，

丁巳太歲楊彥大將軍，

戊午太歲黎卿大將軍，

己未太歲傅黨大將軍，

庚申太歲毛梓大將軍，

辛酉太歲石政大將軍，

壬戌太歲洪充大將軍，

癸亥太歲虞程大將軍。

太歲神不僅有名有姓，而且各有形象，形象各異。例如，甲子太歲金辨大將軍，身着長袍，面目清癯，長髯五綹，威風凜凜。其最奇特之處是眼睛，二目中各長出一隻小手，手心中各托有一目。構思怪異，超出想像。

山西省介休市綿山大羅宮風景區有六十元辰殿，該殿分上、下兩層。殿內牆壁上形象逼真的畫像也是六十元辰，和塑像一起正好是六十位。在此各個不同年份出生的人都可以找到自己的「本命星君」。民間有本命年穿紅背心、繫紅褲帶、祭拜本命神，以求消災免禍、增福增壽的習俗。

25

文章之神魁星

魁星星君，本叫奎星，亦稱魁星。他是中國古代神話中主宰文章興衰的神。魁星星君的來歷，先輩學者多有闡發。

清朝著名學者顧炎武《日知錄》卷三二「魁」條：「今人所奉魁星，不知始自何年。以奎為文章之府，故立廟祀之。乃不能像奎，而改奎為魁。又不能像魁，而取字之形，為鬼舉足而起其斗。」

這是說，現在尊奉魁星星君的習俗，不知是從甚麼時候開始的。人們把奎星作為讀書人文采的淵源，因此設立寺廟祭祀他。但是，奎星的「奎」字終究不像為首的形狀，所以把「奎」字改為「魁」字，叫魁星。因為「魁」字，具有為首的、第一的含義。然而，魁星星君還是沒有具體的形象，就按照「魁」字的形狀，塑成了一個抬起腳、舉着斗的鬼的形狀。這就是魁星星君的來歷。

魁星星君的具體形象是怎樣形成的呢？究其實，是按照「魁」字的模樣衍化塑成的。「魁」字是由偏旁「鬼」和「斗」合成的字。有人說是「鬼搶斗」，也有人說是「鬼之腳右轉，如踢北斗」。好事者就塑成一個赤髮藍面惡鬼的形象。這個惡鬼，左手緊緊捧着一隻笨重大斗，說明他在摘取魁斗；右

雲南省昆明市西山龍門石魁星

手狠狠握着一支如椽大筆，表示他在用筆點定中試者；左腳向後蹺起如「鬼」字的大彎鈎，似在表示魁星星君踢斗；右腳穩穩地踏在巨龜的頭上，取獨佔鰲頭之意。這就是所謂「魁星點斗，獨佔鰲頭」了。

魁星星君掌握着文人的運數，讀書人自然要悉心供奉他。平時燒香祭祀自不必說，就連考試時，也要懷揣魁星星君像，以求順利過關。

過去魁星樓、魁星殿遍佈全國各地，至今尚有部分留存。現在最著名的魁星像，是雲南昆明西山龍門之上的石魁星。跨進凌空而立的龍門石坊，映入眼簾的便是達天閣石殿。這裡是龍門制高處，山勢巍峨，令人屏息。石殿依天然崖壁，順山依勢，向內鏤空鑿成，殿內正中供奉手持點斗巨筆、獨佔鰲頭的魁星神像。像高三尺有餘。兩旁是文昌、關帝像。要說明的是，文昌和關羽的品級和地位，都要高於魁星。不知此殿為甚麼弄顛倒了。這也證明，神仙的排序，不如人間的嚴格。

廣西壯族自治州有一座魁星樓，又稱文筆塔，很有特色，是賀州市古代文人學士崇拜的象徵性建築物，建於清朝乾隆五年（1740）。塔高五層共二十七米，塔身呈六角形，塔體用大青磚砌身，表面卻呈紅色，上蓋綠色琉璃瓦，門額浮堆黑色「魁星樓」三個大字。此樓具有很高的歷史價值和藝術價值，屬廣西壯族自治區重點保護文物。

26

文昌帝君文昌星

文昌帝君，亦稱文昌星、文星。他是中國古代學問文章、科舉士子的守護神，主宰功名利祿的道教神仙。文昌帝君是五文昌之首。

所謂五文昌，亦稱五文昌夫子、五文昌帝君，是主管文運的五位道教神仙。他們是文昌帝君、魁星星君、朱衣神君、純陽帝君、文衡帝君。

俗語說：北孔子，南文昌。可見，文昌帝君盛行於中國南方。確實，說到文昌帝君，就不得不提到一個人和一個神。人的名字叫張亞子，神是梓潼神。

西晉年間，四川省梓潼縣有個孝子名張亞子，帶兵打仗，不幸為國捐軀。當地百姓佩服其為父母盡孝，為國盡忠，便立祠祭祀他。久而久之，張亞子成了梓潼當地的梓潼神，該祠變成了梓潼神廟。這是一座小廟，本名不見經傳，但安史之亂令其命運轉變。

安史之亂發生，唐玄宗李隆基被迫避難四川梓潼。梓潼神顯靈在路上迎接，李隆基大喜，封梓潼神為左丞相。一百多年後，唐僖宗李曄因亂亦避難四川，梓潼神再次顯靈救駕。唐僖宗李曄大喜，封梓潼神為濟順王。由於兩代唐朝

皇帝的青睞和推崇，令小小的梓潼神迅速從地方神變成全國神。但僅有皇帝的追捧還不行，梓潼神畢竟來自小地方，需要包裝包裝。

宋元道士負責包裝梓潼神。宋元道士假託梓潼神降筆，寫了一篇《清河內傳》，說梓潼神生於周初，後來經過七十三代，西晉末託生為張亞子降生在四川，後成為梓潼神，並說玉皇大帝命他掌管文昌府和人間祿籍。元仁宗延祐三年（1316），皇帝愛育黎拔力八達加封其為「輔元開化文昌司祿宏仁帝君」，梓潼神與文昌星從此合二為一，也就是今天的文昌帝君。

有人會問，文昌帝君和文曲星是不是同一個神呢？答案：不是。文曲星是北斗星君之一，是天皇大帝和紫微大帝的弟弟，是斗姆元君的兒子，其地位遠遠高過文昌帝君。不過，文昌帝君雖然出身低微，但其信眾卻一點也不少。文昌宮、文昌祠和文昌閣等，過去曾遍佈全國各地，僅北京城內就有十來座。

四川梓潼縣城以北有座七曲山。山上有座著名的文昌宮，當地人又叫它「大廟」。這是全國文昌宮的祖廟，裡面供奉着主管人間功名利祿的文昌帝君。這座文昌宮的前身是「亞子祠」，是為了紀念西晉的張亞子而修建的。

大廟的名字是怎麼來的呢？明朝末年，張獻忠領兵入川，路過這座文昌宮，他見廟內供奉的是文昌君張亞子，便說：「你姓張，咱也姓張，咱與你聯了宗吧。」他就把文昌

宮改成了「太廟」。「太」與「大」相通，這裡便又被叫做「大廟」了。張獻忠還讓人在廟裡塑了他的一尊坐像。張獻忠失敗後，他的這尊坐像被搗毀。

大廟有宮殿樓閣二十餘處，主要有桂香殿、天尊殿、關聖殿、文昌殿、大悲樓等。建築依山取勢，高低錯落，宏偉壯觀。大廟裡鐵鑄群像最為著名，其中最大的是文昌帝君神像，高達一丈四尺，重約六百斤。神像兩側為文昌帝君的侍童，左側為天聾，右側為地啞。

27

文財神比干

民間傳說中的文財神，名叫比干。商朝紂王的叔父，紂王朝的亞相。節烈之臣。《史記‧殷本紀》：「紂愈淫亂不止，比干曰：『為人臣者，不得不以死爭。』乃強諫紂。紂怒曰：『吾聞聖人心有七竅。』剖比干觀其心。」這是說，紂王更加荒淫迷亂，諫諍不聽。比干痛心地說：「做大王臣子的，不得不冒死諫諍。」於是，就強行向紂王進諫。紂王惱怒地說：「我聽說聖人的心臟有七個孔洞。」就剖開比干的胸膛，挖出他的心臟。這段記載，反映了紂王的殘忍無道，表現了比干的忠貞節烈。

據西漢韓嬰著《韓詩外傳》卷四：「紂作炮烙之刑，王子比干曰：『主暴不諫，非忠也；畏死不言，非勇也；見過即諫，不用即死，忠之至也。』遂諫，三日不去朝，紂囚殺之。」這段記載，進一步印證了比干是個直言敢諫的節烈之臣。

比干的故事，在明朝作家許仲琳的白話長篇神魔小說《封神演義》中，展現充分。話說商朝的最後一個君主紂王荒淫無道，增選嬪妃。冀州牧蘇護不得已，將愛女妲己進奉紂王。蘇護親自護送愛女去都城朝歌，行至中途，忽遇妖

氛。原來是一隻九尾狐狸精作怪興妖。它把妲己害死，將自己的魂投入到妲己的魄中，借屍還魂。現在的妲己，已經不是原來的妲己了。妲己到達朝歌，紂王一見，骨軟筋酥，立即納為王妃。自此，紂王就不再上朝了。大臣屢諫不聽，反而聽信妲己之言，斬首太師杜元銑，炮烙上大夫梅伯。同時，妲己設計陷害國母姜皇后。紂王聽信讒言，將姜皇后剜目焦手，姜皇后氣絕身亡。二王子又被追殺，為救護二王子，鎮殿大將軍方弼兄弟被迫造反。丞相商容冒死諫諍，紂王下令金瓜擊頂，商容撞柱殞命。這真是，天子失政，殺子誅妻，阻塞忠良，恣行無道。

妲己還進讒言，設計了叫做「炮烙」的酷刑。妲己說道：「此刑約高二丈，圓八尺，上、中、下用三火門，將銅造成，如銅柱一般。裡邊用炭火燒紅。卻將妖言惑眾、利口侮君、不尊法度、無事妄生諫章、與諸般違法者，跣剝官服，將鐵索纏身，裹圍銅柱之上。只炮烙四肢筋骨，不須臾，煙盡骨消，盡成灰燼。此刑名曰『炮烙』。若無此酷刑，奸猾之臣，沽名之輩，盡玩法紀，皆不知戒懼。」紂王曰：「美人之法，可謂盡善盡美！」

妲己又把黑手伸向了忠臣比干。

紂王建成鹿台，作為自己與妲己尋歡作樂之所。紂王乞求妲己邀請神仙赴宴，以滿足他的私慾。妲己無法，就到城外的狐狸洞中找到一群百年妖狐，邀請三十九隻妖狐赴宴。書中寫道，那月光漸漸地現出，妲己悄悄啟曰：「仙子

來了。」慌的紂王隔繡簾一瞧，內中袍分五色，各穿青、黃、赤、白、黑，內有戴魚尾冠者，九揚巾者，一字巾者，陀頭打扮者，雙丫髻者；內有盤龍雲髻如仙子、仙姬者。紂王在簾內觀之，龍心大悅。只聽有一仙人言曰：「眾位道友，稽首了。」眾仙答禮曰：「今蒙紂王設席，宴吾輩於鹿台，誠為厚賜。但願國祚千年勝，皇基萬萬秋！」妲己在裡面傳旨：「宣陪宴官上台。」比干上台，月光下一看，果然如此，個個有仙風道骨，人人像不老長生。自思：「此事實難解也！人像兩真，我比干只得向前行禮。」內有一道人曰：「先生何人？」比干答曰：「卑職亞相比干，奉旨陪宴。」一道人曰：「既是有緣來此會，賜壽一千秋。」比干聽說，心下著疑。內傳旨：「斟酒。」比干執金壺，斟酒三十九席已完，身居相位，不識妖氣，懷抱金壺，侍於側伴。這些狐狸，俱仗變化，全無忌憚，雖然服色變了，可狐狸騷臭變不得。比干只聞狐騷臭。比干自想：「神仙乃六根清淨之體，為何氣穢衝人！」比干歎息：「當今天子無道，妖生怪出，與國不祥。」

到後來，妖怪醉了，狐狸尾巴都拖下來晃。比干看得明白，暗暗叫苦。於是，比干請來武成王黃飛虎，共同設謀，找到了朝歌郊外的狐狸洞。就派兵火攻這個狐狸洞，將這些妖狐全部燒死。妲己聞此大怒，發誓定報此仇。為此，她無端裝病，說要治好自己的病，只有借比干的一片心。昏庸的紂王就向比干索要一片心。

比干的死是悽慘而悲壯的。書中寫道，紂王曰：「皇叔之言差矣！總只借心一片，無傷於事，何必多言？」比干厲聲大叫：「昏君！你是酒色昏迷，糊塗狗彘！心去一片，吾即死矣！比干不犯剜心之罪，如何無辜毫此非殃！」紂王怒曰：「君叫臣死，不死不忠。台上毀君，有虧臣節！如不從朕命，武士，拿下去，取了心來！」比干大罵：「妲己賤人！我死冥下，見先帝無愧矣！」喝：「左右，取劍來與我！」奉御將劍遞與比干。比干接劍在手，望太廟大拜八拜，泣曰：「成湯先王，豈知殷受斷送成湯二十八世天下！非臣之不忠耳！」遂解帶現軀，將劍往臍中刺入，將腹剖開，其血不流。比干將手入腹內，摘心而出，往下一擲。掩袍不語，面似淡金，徑下台去了……且說比干馬走如飛，只聞的風響之聲。約走五七里之遙，只聽得路旁有一婦人手提筐籃，叫賣無心菜。比干忽聽得，勒馬問曰：「怎麼是無心菜？」婦人曰：「民婦賣的是無心菜。」比干曰：「人若是無心，如何？」婦人曰：「人若無心，即死。」比干大叫一聲，撞下馬來，一腔熱血濺塵埃。

　　後來，姜子牙助周，討伐紂王成功，敕封諸神，比干被封為北斗星官文曲星。科舉時代，讀書人的榮華富貴都從科舉中求取。為此，文曲星比干又被奉為文財神。供奉文財神比干，可以獲得功名祿位。

　　現在尚存的重要的比干廟在河南。河南省衛輝市城北七公里處，坐落着比干廟。這座比干廟，還是天下林氏子孫

的家廟。相傳周武王滅掉紂王之後，感念比干忠烈，派人尋找比干的後裔，祈望給予撫恤。比干夫人陳氏解除流亡生活，攜子歸周。周武王很是佩服陳夫人，稱讚她能以帶孕之身，逃避紂王的追殺，有大智慧，相信她的兒子將來必有出息。鑒於遺孤生於長林石室，便賜其姓林，取名堅，是謂林堅。這樣，林堅便成為第一個姓林的人。而他的父親比干則被尊為林姓的太始祖，又被民間尊為文財神。

比干廟已存世三千餘年。此廟保存完好，十分難能可貴。它佔地 11.3 萬平方米。由北而南的中軸線上，分別佈置着：墓、墓碑亭、石坊、大殿、拜殿、配殿、碑廊、本坊、二門、山門、照壁。墓體佔地二十畝，高二十米；大殿裡豎立高大威嚴的比干像；左邊配殿塑有始祖林堅及後代名人林放、林開等像；右邊配殿塑媽祖林默娘像。

院內的建築，堪稱世界瑰寶，舉世無雙。山門前的照壁更是別具風采，引人注目。此壁建於明代，距今已有幾百年，是真正的建築古董。其高六米，寬十米。前後正中鑲嵌着二十四塊綠色琉璃磚，磚面浮雕為牡丹圖案。構圖新穎，豪華壯麗，為古建築之極品。

廟內最為突出的是一座石坊。此石坊名為「丹心明石坊」。坊額書「殷太師比干墓」，上聯「孤忠心不死」，下聯「故社柏猶存」。坊頂石雕圖案：中間為心形，右側置「彤雲托日」，左側置「飛雲拱月」。整體名為「飛雲日月捧心」，象徵廟主人比干的愛國忠心與日月同輝，與社稷共存。還

有一個最為珍奇的墨跡，就是孔子目前存世的唯一的墨寶「殷比干莫（古時莫、墓通用）」碑了。

坊間流行福星、祿星、壽星的三星組合，是在祈求福、祿、壽齊全。其中位於福壽兩星中間的祿星，據說是文財神比干。比干一派貴族高官的風貌。穿戴考究，頭戴文官帽，身穿紫錦袍，腰環金玉帶，手捧大元寶，腳蹬厚底靴。面貌清新，眉清目秀，唇紅齒白，眼細鬚長。儀容慈祥，體態優雅。比干在民間是個凜冽無私的正面形象。

武財神趙公明

舊時民間所祀之財神，是虛構的人物。趙公明，本名趙朗。有關他的傳說，由來已久。最早的記載，似出自東晉干寶著《搜神記》。按《搜神記》卷五云：「有妖書云：『上帝以三將軍趙公明、鍾士季，各督數（萬）鬼下取人，莫知所在。』」這裡記載的趙公明，在典籍中首次出現。

漸漸地，趙公明被演繹為財神。據《三教源流搜神大全》卷三記載：「趙元帥，姓趙諱公明，終南山人也。自秦時避世山中，精修至道，功成，欽奉玉帝旨召為神霄副元帥。其服色頭戴鐵冠，手執鐵鞭，面黑色而鬍鬚，跨虎。驅雷役電，喚雨呼風，除瘟剪瘧，保病禳災，元帥之功莫大焉。至如公訟冤抑，買賣求財，可對神禱，無不如意，故上天聖號為總管上清正一玄壇飛虎金輪執法趙元帥。」這裡的「至如公訟冤抑，買賣求財，可對神禱，無不如意」的記載，就是趙公明成為民間崇祀財神的由來。

也有傳說指趙公明是張天師張道陵之徒。張道陵在鶴鳴山修煉時，收趙公明為徒，「使其騎黑虎，守護丹室」。張道陵煉丹成功後，分與徒弟們食用。趙公明吃了，頓時法

力大增，形如天師。於是，張道陵命趙公明守護齋壇即玄壇。所謂「黑虎玄壇趙公明」就是這麼來的。

趙公明成為民間信奉的武財神，主要是得益於明朝作家許仲琳編撰的神魔小說《封神演義》的流傳。小說講述姜子牙奉元始天尊之命，在封神台封神。趙公明上了封神榜。封神時，姜子牙命清福神柏鑒：「引趙公明等上壇受封。」不一時，清福神柏鑒用幡引趙公明等至台下，跪聽宣讀敕命。姜子牙曰：「今奉太上元始敕命：爾趙公明昔修大道，已證三乘根行；深入仙鄉，無奈心頭火熱。德業迥超清淨，其如妄境牽纏。一墮惡趣，返真無路。生未能入大羅之境，死當受金誥之封。特敕封爾為金龍如意正一龍虎玄壇真君之神，率領部下四位正神，迎祥納福，追逃捕亡。爾其欽哉！招寶天尊蕭升、納珍天尊曹寶、招財使者陳九公、利市仙官姚少司。」趙公明等聽罷封號，叩首謝恩，出壇去了。這裡說的「迎祥納福，追逃捕亡」，就指明趙公明是個福神。而他手下的四位正神，分別具有「招寶」「納珍」「招財」「利市」的功能，則進一步說明趙公明是主管財政的財神。趙公明武藝高強，也就是武財神了。

《三教源流搜神大全》所描繪的趙公明形象為：頭戴鐵冠，手執鐵鞭，面黑色而多鬚，跨虎。這正是後世所供武財神趙公元帥的典型圖像。書中又稱其授正一元帥，手下有八員猛將、六毒大神，還有五方雷神、五方猖兵、二十八將等。又稱他能「驅雷役電，喚雨呼風，除瘟剪瘧，保病禳

趙公明像，《封神真形圖》，清代墨繪本

災」，功莫大焉。據此，道教又將其與靈官馬元帥、關聖帝君關羽、亢金大神溫瓊合為四大天將。

關於趙公明的賜財功能，《三教源流搜神大全》解釋說：「買賣求財，公能使之宜利和合。但有公平之事，可以對神禱，無不如意。」自此，趙公明司財，使人致富的功能深入人心。至近代，又有人附會趙公明為回人，不食豬肉，「每祀以燒酒牛肉，俗謂齋玄壇」。（清姚福均輯《鑄鼎余聞》卷四）這些都是虛構。他的回回族籍身份，更屬無稽之談。

民間還以關公為財神。關公是一位全能神明，財神不過是其功能之一。

29

中國愛神和合神

中國民間神話中象徵男女相愛之神。和合神，即和合二仙，傳說為唐代高僧寒山子與拾得子的化身。二人相交甚厚，和睦同心。清世宗雍正十一年（1733）封天台寒山大士為和聖，拾得大士為合聖，於是有和合二仙或和合二聖之稱。民間所繪和合二仙為一持荷花、一捧圓盒相向為舞的兩位和尚。荷與和、盒與合諧音，取和諧合好之意。此圖寓意為和合二仙。舊時和合二仙圖常掛於中堂，取和美吉利之意。又常於婚禮中懸掛他們的畫軸，象徵夫妻相愛美滿。和合二仙不是一下子形成的，其最初的原型是萬回哥哥。

萬回原是個普通人。據說是河南虢州閿鄉人。俗姓張。生於唐太宗貞觀六年（632）五月初五。唐時民間供奉他，認為他能預卜休咎，排解禍難。俗稱之為萬回哥哥，後又成為歡喜之神。

萬回生而愚癡，九歲能語。出家後，法名寂感。因其兄遠戍安西，距家萬里，音訊隔絕，或以為死於邊陲，其母悲愴思念，乃設齋遙祭。萬回出口說道：「兄健在，我即為送齋。」於是囊括祭物，出門如飛，日暮而還。得其兄家

書，緘封猶濕。因一日往還萬里，故人稱萬回。唐玄奘赴西土取經，見佛龕上有「菩薩萬回，謫向閿鄉地教化」字樣，歸來特至閿鄉訪謁，師禮有加。萬回曾被唐高宗召入內廷，武后賜錦袍玉帶，士庶貴賤競相禮拜，聲名大噪。其行為狂放，善於飲啖，常於眾人叢中身披錦袍，隨意笑罵。或搥錘擊，言事靈驗。景雲二年卒於長安，享年八十歲。

到了宋代，萬回由顛僧變成了和合之神。明田汝成著《西湖遊覽志餘》卷二三記道：「宋時，杭城以臘月祀萬回哥哥，其像蓬頭笑面，身着綠衣，左手擎鼓，右手執棒，云是和合之神，祀之可使人萬里外亦能回來，故曰萬回。今其祀絕矣。」這是説，宋朝時，杭州在每年的臘月都要祭祀萬回哥哥。萬回哥哥的神像，頭髮蓬鬆，笑容滿面，身穿綠衣，左手擎鼓，右手執棒。大家都説他是和合之神，很靈驗，祭祀他，親人即使在萬里之外，也能順利回來。所以，叫他萬回。這大概是當時對遠在他鄉的親人，苦於思念，渴望團聚，便把希望寄託在萬回身上，親切地稱之為「哥哥」。由此他變成了歡喜之神。不過，這個祭祀到明朝時，已經絕跡了。

那麼，甚麼時候開始祭祀和合二仙的呢？

大約是在清朝。既然講和合，就應該是兩位神仙，只一個萬回哥哥已經不行了。因此，在清朝就開始祭祀寒山與拾得二仙了。據清翟顥著《通俗編》卷十九「和合二聖」條云：「今和合以二神並祀，而萬回僅一人，不可以當之。國

朝雍正十一年封天台寒山大士為和聖，拾得大士為合聖。」
似寒山、拾得即成為和合二聖了，和合二聖又稱和合二仙。

寒山子是個奇人。據明洪應明著《仙佛奇蹤》記載，他
沒有姓氏，沒有族屬。曾住在始豐縣天台山的寒岩中，遂名
寒山子，是唐朝詩僧，擅長作詩。容貌乾枯憔悴，身穿破衣
爛衫，頭戴樺樹皮帽，腳踏大號木屐。餓了，就到國清寺撿
拾寺僧吃剩的飯菜。有時，走到寺院的廊下，大聲喊叫，望
空謾罵。寺僧忍無可忍，拿着棍棒來驅趕，他則拊掌大笑，
揚長而去。

當時國清寺有個奇僧豐幹禪師。他道行深邃，出語驚
人。有人詢問佛理，他回答：「隨時。」他口唱道歌，身騎
猛虎，來到國清寺，眾僧敬畏。豐幹禪師知道寒山子非等閒
之輩，就試探他說：「你與我遊五台山，就是我的同流。如
果不同我去，就不是我的同流。」寒山子答道：「我不去。」
豐幹禪師說道：「那就不是我的同流。」寒山子問道：「你到
五台山去做甚麼？」豐幹禪師回答：「我去禮拜文殊菩薩。」
寒山子說道：「如此，你不是我的同流。」看起來，寒山子
是個很有來歷的高僧。

寒山子還在國清寺當過燒火和尚，後來，他縮身岩石
縫中，只說「你們大家努力吧」，石縫忽然而合，杳無蹤跡。

拾得子也不是等閒之輩。人們不知道他的名字。有一
次，豐幹禪師在山中行走，忽然聽到小兒的啼哭聲。他循聲
找去，看到了一個僅幾歲的小孩子，遂取名拾得。他把拾得

帶回國清寺，讓他照看食堂的香燈。忽然，有一天，發現他竟然登座，與佛對盤而食。寺僧惱怒，罰他到廚房幹活。拾得子對寒山子很友善，把吃剩的飯菜洗乾淨，裝在竹筒中，送給寒山子。

寒山子與拾得子關係密切。他們在佛學、文學上的造詣很深，二人常吟詩唱偈，並有詩題於山林間。後人把寒山子詩彙集成卷，名《寒山子詩集》，收詩三百餘首。他的詩針砭時弊，譏諷世態，語言淺近，風格自然。清代大學者紀昀認為他的詩「有工語，有率語，有莊語，有諧語」，評價甚高。拾得子也寫了不少詩，多似佛偈，偏於說理。他寫的詩附在了《寒山子詩集》之後。

至於他倆的交情，在民間還有這樣一個傳說。寒山子和拾得子同住在北方一個村中，雖異姓而親如兄弟。寒山子略長，與拾得子同愛一女，而寒山子不知。臨婚時，寒山子始知，於是棄家到蘇州楓橋，削髮為僧，結庵修行。拾得子聽說，大為震撼，亦捨女來江南尋寒山子。探得其住處後，乃折一盛開荷花前往禮之。寒山子一見，急持一盒齋飯出迎。二人樂極，相向為舞。隨後，拾得子也出了家。二人在此開山立廟曰「寒山寺」。

其實，這兩位繼豐幹禪師以後的唐代高僧，於唐代貞觀年間，由天台山至蘇州妙利普明塔院任住持，此院遂改名為聞名中外的蘇州寒山寺。

姑蘇城外寒山寺，是和合二仙「終成正果」之處。其間

清羅聘繪《寒山拾得寫意畫像》拓片

的寒拾殿中，至今供奉着寒山拾得精美的木質金身雕像。寒山寺大雄寶殿的後壁嵌有寒山拾得寫意畫像石刻，這是揚州八怪之一的大畫家羅聘所繪。佛殿的後壁嵌有寒山詩三十一首。每年的除夕之夜有大批的日本客人到寒山寺聽鐘聲，禮拜和合二仙。

　　和合二仙是婚姻和合之神。在我國傳統的婚禮喜慶儀式上，常常掛有和合二仙的畫軸。畫軸之上有兩位活潑可愛，長髮披肩的孩童。一位手持荷花，一位手捧圓盒，盒中飛出五隻蝙蝠，象徵五福臨門。他們相親相愛，笑容滿面。人們藉此來祝賀新婚夫婦白頭偕老，永結同心。民間年畫中有《和合二仙》《和合賜神》《和合二仙狀元及第》等題材，很受百姓歡迎。

第
三
章

情感神

30

愛情神牛郎織女

牛郎織女是中國民間神話傳說中的愛情神。牛郎和織女是從牛郎星和織女星的星名衍化而來的。牛郎織女的傳說，是一個動人心弦的愛情傳說。這個愛情傳說與孟姜女傳說、白蛇傳說、梁祝傳說，並稱為我國四大民間愛情傳說。

牛郎織女的愛情神話傳說，有一個歷史演變過程。

這個傳說，在《詩經》裡就顯露出雛形，但沒有故事情節。

漢朝《古詩十九首》：「迢迢牽牛星，皎皎河漢女。纖纖擢素手，札札弄機杼。終日不成章，泣涕零如雨。河漢清且淺，相去復幾許。盈盈一水間，脈脈不得語。」這裡出現了有血有肉的人物形象，似乎隱含着某種故事情節。

南朝梁殷芸著《殷芸小說》云：「天河之東有織女，天帝之子也。年年機杼勞役，織成雲錦天衣，容貌不暇整。帝憐其獨處，許嫁河西牽牛郎。嫁後遂廢織紝，天帝怒。責令歸河東，但使一年一度相會。」在這裡，神話故事的梗概，已經大致具備了。

完整的牛郎織女傳說，有多個版本，大同小異。

其一，可能是初始版本。織女為天帝孫女，王母娘娘外孫女。於織紝之暇，常與諸仙女，於銀河澡浴。牛郎則下方一貧苦孤兒，常受兄嫂虐待。分與一老牛，令其自立門戶。其時天地相去未遠，銀河與凡間相連。牛郎遵老牛囑，去銀河竊得織女天衣。織女不能去，遂為牛郎妻。經數年，產兒女各一，男耕女織，生活幸福。

不意天帝查明此事，震怒非常。立遣天神往逮織女。王母娘娘慮天神疏虞，亦偕同去。織女被捕上天，牛郎不得上，與兒女仰天號哭。時老牛垂死，囑牛郎於其死後剖皮衣之，便可登天。

牛郎如其言，果偕兒女上天。差一點就要追及織女，王母娘娘忽拔頭上金簪，憑空劃之，頓成波濤滾滾天河。牛郎織女隔河相望，無由得渡，只有悲泣。後終感動天帝，許其一年一度於七月七日鵲橋相會。

其二，內容有些許差異。相傳在很早以前，河南南陽城西牛家莊，有個聰明忠厚的小伙子，父母早亡，只好跟着哥哥嫂子度日。嫂子馬氏為人狠毒，經常虐待他。一年秋天，嫂子逼他去放牛，給他九頭牛，卻讓他等有了十頭牛時才能回家。

牛郎無奈，獨自一人趕着牛進了山。在他無計可施時，有位鬚髮皆白的老人出現了，笑着對他說：「別難過，伏牛山裡有一頭病倒的老牛。你去好好餵養它，等老牛病好後，你就可以趕着它回家了。」

牛郎翻山越嶺，到了伏牛山，終於找到了那頭有病的老牛。他打來飼草，餵了三天，老牛吃飽了，抬起頭告訴他，自己本是天上的灰牛大仙，因觸犯了天規被貶下天來，摔壞了腿。自己的傷，需要用百花的露水洗一個月才能治好。牛郎細心地照料了老牛一個月，治好了老牛的傷。牛郎高高興興趕着十頭牛回了家。

　　回家後，嫂子對他仍舊不好。曾幾次要加害他，都被老牛設法相救。嫂子最後惱羞成怒把牛郎趕出家門，牛郎只要了那頭老牛相隨。

　　天上的織女和諸仙女一起下凡遊戲，在河裡洗澡。牛郎在老牛的幫助下認識了織女，二人互生情意。後來織女便偷偷下凡，來到人間，做了牛郎的妻子。織女還把從天上帶來的天蠶分給大家，並教大家養蠶、抽絲，織出綢緞。

　　牛郎和織女結婚後，男耕女織，情深意厚。他們生了一男一女兩個孩子，一家人生活得很幸福。但是好景不長，這事很快便讓天帝得知。王母娘娘親自下凡，強行把織女帶回天上，恩愛夫妻被拆散。

　　牛郎上天無路，還是老牛給他指明了路。老牛告訴牛郎，在他死後，可以用他的皮做成鞋，穿着就可以上天。牛郎按照老牛的話做了，穿上牛皮做的鞋，拉着自己的兒女，一起騰雲駕霧上天去追織女。眼看就要追到了，豈知王母娘娘拔下頭上的金簪一揮，一道波濤洶湧的天河出現了。牛郎和織女被隔在兩岸，只能相對無言流淚。他們的忠貞

愛情感動了喜鵲。千萬只喜鵲飛來，搭成鵲橋，讓牛郎織女走上鵲橋相會。王母娘娘無奈，發了善心，允許兩人在每年七月七日於鵲橋相會。由此形成了七夕節。

牛郎織女的傳說，是中國過去封建社會男耕女織小農經濟生活的藝術反映。反映了封建宗法制度下的家庭關係及其造成的婚姻悲劇。

牛郎星和織女星正好位於天河的兩邊，在夏夜特別顯眼。牛郎星和織女星真能一年一度相會嗎？牛郎星和織女星是兩顆像太陽那樣的恆星。它們也是能夠自己發光發熱的。牛郎星正式的中國名稱是河鼓二，它所處的星座叫天鷹星座。織女星正式的中國名稱是織女一，它所處的星座叫天琴星座。星座的名字和劃分都是從西方引進的。

牛郎星和織女星離我們非常遙遠，牛郎星是十六光年，織女星是二十七光年。它們之間的距離也十分遙遠，是十六光年。也就是說，走得最快的光和電，從牛郎星到織女星也得一刻不停地跑十六年，更不要說其他交通工具了。假定這兩顆星上真的住着牛郎和織女的話，他們想打個電話或者通個電報互相問好，這個長途電話單程就得十六年！可見，天空中的牛郎織女兩顆星是不可能相會的。再說，牛郎星的表面溫度達到八千攝氏度，而織女星還要高，達到一萬一千攝氏度。論個兒大小，也是織女星比牛郎星大，織女星的直徑是我們太陽的 3 倍，而牛郎星的直徑是太陽的 1.6 倍。這麼大的兩顆星又怎麼能相會呢？

31

婚戀保護神泗州大聖

泗州大聖又叫泗州佛。據說，他原來是西域人，後來定居在泗州，泗州今屬江蘇省泗縣。泗州民間有許多關於泗州大聖的離奇傳說，有的說他是觀音菩薩的化身，十分靈驗，求財得財，求子得子。又說，當年泗州屢鬧水患，泗州大聖施用功法，並建造靈瑞寺，降伏了妖魔水母，使得泗州永絕水患。因而，人們多年來從沒有忘記他。

其實，泗州大聖還是婚戀受挫者的保護神。這裡流傳着一個故事。話說有一條洛陽江，流經福建的惠安和晉江兩縣的交界處。江水湍急，過往不便。相傳宋朝時，大書法家蔡襄的母親懷他時，有一次渡江，因江上無橋，只得船渡。江水翻滾，小船顛簸，蔡襄之母吃盡了苦頭。登岸後，她便自言自語：「我兒誕生後，若能擔任一官半職，千萬別忘了在這裡造一座橋，便利行人。」這話讓未降生的胎兒蔡襄聽得真切。後來蔡襄果然當上了泉州太守，他不負母望，來洛陽江上造橋。

不料，造橋遇到了困難，因江水過猛，用於打橋基的大

重慶市大足區大足石刻之泗州大聖像

條石都被江水沖跑了。太守蔡襄陷入了困境。忽然一天，洛陽江上遠處漂來一隻小船，船後端坐着一個划船的白鬚老翁，船前站着一位妙齡女郎。雖然江水怒吼，水流急迫，但小船卻穩穩地停在了江心。只見老翁向岸上圍觀的人們大聲喊道：「吾女待字閨中，今特來此。有能將銀子銅錢投到吾女頭上者，吾即將吾女許配於他，絕不食言。」竟有這等好事？於是，許多年輕人都跑到岸邊來投錢，但沒有一個

投中的。銀子銅錢紛紛掉落在滾滾洪濤之中，落入了江底。

原來，這父女並非常人。老翁是土地爺幻化，女郎是觀世音變成。他們清晨來到，傍晚划走。日復一日，幾個月過去了，落在江心的銀子銅錢鋪了厚厚的一層，成了河橋的奠基石。但是，人們久投不中，不得要領。恰在此時，有一個聰明的泗州漂亮小伙，想到了一個好辦法。他暗自思忖，如果手握一把散碎銀兩，作扇形狀投將過去，也許能夠成功。他就按照此法，將大把散碎銀兩作扇形狀投了過去，還真靈驗，其中果然有一塊輕輕地擊中了女郎的頭部。大家為他的成功齊聲歡呼。殊不知，這是觀世音感到橋基已經奠成，而且她也相中了投錢的小伙，就暗使法力，將一小塊銀兩放到了自己的頭上。

老翁不食前言，讓小伙子到涼亭去見面。但令小伙子沒有想到的是，他往凳子上一坐，就永遠地站不起來了。原來他的靈魂被觀世音度化到西天成佛了。而他的肉身如泥塑般僵坐在了亭中，變成了民間頂禮膜拜的泗州大聖。但是，在世俗人們的眼中，泗州大聖的婚姻是不幸的，他在人間並沒有得到愛情，是婚姻受挫。為此，泗州大聖就成了人間婚姻愛情受挫者禮拜的對象。

這個富有人情味的故事，得到了民間的認同。於是，在惠安、晉江一帶，老百姓修造了許多供奉泗州大聖的涼亭。戀愛中的情侶、婚變中的夫婦，就常到涼亭中來，在他們信奉的泗州大聖的腦後，挖上一點泥巴，以求泗州大聖的保佑。

婚姻之神月下老人

32

月下老人是中國古代民間傳說中掌管婚姻之神。

　　據說，唐朝時候，有一名叫韋固的人，自幼父母雙亡。長大後，有一次，他到宋城（今河南省商丘縣南）去辦事，住宿在南店裡。一天晚上，韋固在街上閒逛，看到月光之下有一個奇異的老人，靠在一個大布袋上，在翻閱一本又大又厚的書。韋固很好奇地過去，問道：「老先生，請問您在看甚麼書呀！」那老人回答：「這是一本記載天下男女婚姻的書。」韋固聽了以後更加好奇，就再問道：「那您袋子裡裝的甚麼呀？」老人微笑着對韋固說：「裝的是紅繩兒，用它們來拴繫夫妻雙腳的。即使是仇敵之家，貧賤懸隔，天涯分離，吳楚異鄉，這條紅繩兒一繫，男女雙方就永遠不能分開了。」

　　韋固聽了，自然不會相信，以為老人是和他說着玩的。但是他對這古怪的老人，仍舊充滿了好奇，當他想要再問他一些問題的時候，老人已經站起來，帶着他的書本和袋子，向米市走去，韋固也就跟着他走。

　　到了米市，他們看見一個盲女子，抱着一個三歲左右的小女孩迎面走來，老人便對韋固說：「這盲女人手裡抱的

小女孩，便是你將來的妻子。」韋固聽了很生氣，以為老人故意跟他開玩笑，便叫家奴去把那小女孩殺掉。家奴跑上前去，刺了女孩一刀，就立刻跑了。當韋固再要去找那老人算賬時，卻已經不見老人的蹤影。

光陰似箭，轉眼十四年過去了。韋固當了兵，英勇善戰。這時韋固已經找到滿意的對象，即將結婚。對方是相州刺史王泰的掌上明珠，人長得很漂亮，只是眉宇間始終黏着貼花。韋固覺得非常奇怪，於是便問他的岳父說：「為甚麼她的眉宇間有個貼花呢？」相州刺史聽了以後便說：「説來令人氣憤，十四年前在宋城，有一天，她的母親抱着她從米市走過。突然跑來一個狂徒，竟然無緣無故地刺了她一刀。幸好沒有生命危險，只留下這道傷疤，真是不幸中的大幸呢！」又説，後來其母病逝，刺史王泰收養了她，待她如親閨女。

韋固聽了，愣了一下，十四年前的那段往事迅速地浮現在他的眼前。他想，難道她就是自己命僕人刺殺的小女孩？於是便緊張地追問説：「那女子是不是一個失明的盲婦？」

王泰看到女婿的臉色異常，且問得蹊蹺，便反問道：「不錯，是個盲婦，可是你怎麼會知道呢？」韋固證實了這點，真是驚訝極了，一時間答不出話來。過了好一會兒才平靜下來，然後把十四年前在宋城遇到月下老人的事，和盤托出。王泰聽了，也感到驚訝不已。

韋固這才明白月下老人的話並非開玩笑。他們的姻緣

真的是由神仙做主的。因此，夫婦倆更加珍惜這段婚姻，過著恩愛的生活。

不久這件事傳到宋城，為了紀念月下老人的出現，縣令便把南店改為「訂婚店」，且親自題寫了匾額。這個故事，出自唐朝李復言的《續幽怪錄》。

由於這個故事的流傳，使得大家相信，男女結合是由月下老人繫紅繩兒，先天定下來的。所以，後人就把媒人叫做月下老人，簡稱「月老」。「月老」成為媒人的代稱。

生育神月光菩薩

月光菩薩是中國傳說中的愛情神、生育神、團圓神。月光菩薩分為土月光菩薩和洋月光菩薩。土月光菩薩是中國老百姓喜聞樂見的，是中國人自己造出來的有中國味道的中國菩薩。洋月光菩薩則是佛教裡的正宗的菩薩，還沒有完全中國化，還不被中國老百姓所熟知，是舶來品。

先說土月光菩薩。這是中國人自己造出來的菩薩，是為了滿足中國老百姓的精神和物質的需要而造出來的。月亮，同太陽相對，俗稱太陰。月光菩薩又稱月娘、月姑、月光娘娘、太陰星主、月宮娘娘、月光仙子等。月光菩薩是情感神，也是物質神。她有多元用途，人們很喜歡她。

月光菩薩其實就是月亮。月亮和太陽一樣，一直陪伴着人們，是人們的好夥伴、好朋友、好證人。一到晚間，人們面對着或圓或缺、或明或暗的月亮，往往遐思無限，浮想聯翩。他們從中或得到慰藉，或得到鼓舞，或得到溫暖，或得到希冀。可以説，月光菩薩是愛情神，是生育神，是團圓神。

她是愛情神。自古以來，戀人海誓山盟，常常要跪拜

陝西省扶風縣法門寺
月光菩薩像

月光菩薩，請月光菩薩做個見證。元代劇作家關漢卿的雜劇名作《閨怨佳人拜月亭》，就描寫了一對戀人拜月起誓的故事。話說在戰亂中，王尚書的女兒王瑞蘭同落魄書生蔣世隆意外相遇，遂結伴而行。在流亡過程中，這對青年男女產生了愛情，就自作主張結為夫妻。後來，王尚書發現了他們已結為連理。但以不門當戶對為由，而強行拆散了這對恩愛夫妻。夜間，王瑞蘭在院庭中，面對皎潔的明月，祈求

月神保佑自己與丈夫重新團聚，聲淚俱下：「願天下真心相愛的夫婦永不分離。」隨後，王尚書給王瑞蘭重新介紹了新科狀元，王瑞蘭不同意，新科狀元也不同意。但後來發現，這新科狀元恰好是王瑞蘭的前夫蔣世隆。最後，有情人終成眷屬，皆大歡喜。這是月光菩薩起了作用，她保護了有情人的至死不渝的愛情。月光菩薩是當之無愧的愛情神。

她是生育神。遠古人們總結經驗，發現了一個似乎是規律性的東西：月亮由圓到缺，二十八天是一個週期；女人發現，月經也是二十八天為一個週期。因此，他們誤認為女性的月經同月亮的運行有關係。因此，為了多子，古人就在女性的月經期行房事。這是很不科學的做法。同時，月亮的月圓月缺，使古人想起了孕婦腹部的膨大縮小。由此，為了孕婦的安全，小兒的幸福，人們常常禮拜月神，月亮又成為了主宰生育的生育神。

她是團圓神。中秋節是月亮最大最圓時的節日。每年陰曆八月十五，人們都要過中秋節。中秋節就是團圓節。「其有婦歸寧者，是日必返夫家，曰團圓節也」。此時，家家要吃月餅，賞圓月。

宋代大詩人蘇軾曾作詞《水調歌頭・明月幾時有》，詞前小序：「丙辰中秋，歡飲達旦，大醉，作此篇。兼懷子由。」詞曰：

明月幾時有？把酒問青天。不知天上宮闕，今夕是何年。我欲乘風歸去，又恐瓊樓玉宇，高處不勝寒。起舞弄

清影，何似在人間！轉朱閣，低綺户，照無眠。不應有恨，何事長向別時圓？人有悲歡離合，月有陰晴圓缺，此事古難全。但願人長久，千里共嬋娟。

這首膾炙人口的中秋詞，作於宋神宗熙寧九年（1076），即丙辰年的中秋節，為作者醉後抒情，懷念弟弟蘇轍之作。作者採用浪漫主義的手法，把月宮和人間相對比，把現實與想像相聯繫，表達了對人生跌宕起伏的樂觀態度，以及對未來生活的美好嚮往。蘇軾以月亮起興，藉此表達自己的思想情感。這足以說明月亮是團圓神。

提起月神，就不能不提起嫦娥。提起嫦娥，就不能不提起「嫦娥奔月」的故事。嫦娥原名姮娥，是大羿（后羿）的妻子。據西漢劉安著《淮南子‧覽冥訓》：「羿請不死之藥於西王母，姮娥竊以奔月，悵然有喪，無以續之。」高誘註：「姮娥，羿妻；羿請不死藥於西王母，未及服食之，姮娥盜食之，得仙，奔入月中為月精也。」這個故事是說，后羿和他的妻子嫦娥原本都是天神，後被貶到人間受苦。后羿經過千辛萬苦，到西王母處討得長生不死藥，不料叫其妻嫦娥偷食了。結果嫦娥升天，到了月宮，做了月精。這個月精就是醜陋不堪的蟾蜍。事與願違，嫦娥再也不能和丈夫團聚了。

但民間的傳說卻更富有人情味。大體是說，嫦娥到了月宮，深感高處不勝寒，十分孤單，很為自己的行為懊悔，極想見到久別的丈夫。嫦娥給丈夫后羿出主意：「平時我沒

法下來，明天乃月圓之時，你用麵粉做成丸子，團團如圓月形狀，放在屋子的西北方向，然後再連續呼喚我的名字。到三更時分，我就可以回家來了。」第二天晚上，后羿按照嫦娥所言一一照辦。三更時分，果然見妻子從皓月中下凡，兩人團圓。從此，月餅成了中秋節必備的民俗食品，同時，嫦娥在人們的心目中已經成為值得同情的月光菩薩了。

　　次說洋月光菩薩。月光菩薩是藥師如來佛的右脅侍，又作月淨菩薩、月光遍照菩薩。梵語為月光菩薩摩訶薩。月光菩薩的出處，眾說不一。《藥師經疏》記載，過去世電光如來時期，印度有位醫王，育有二子名日照、月照。父子三人發心願利樂眾生。後來，印度醫王成了藥師佛。日照和月照分別成為日光菩薩和月光菩薩，即藥師佛的左右脅侍。

助產神順天聖母

順天聖母是中國古代的婦女助產神和婦幼保護神。順天聖母，名叫陳靖姑或陳進姑，亦稱陳夫人、臨水夫人、順懿夫人、大奶夫人。她在我國南方廣有受眾群體。她的事跡存在於一些筆記和方志中，全為民間傳說。

陳靖姑，傳說為五代或唐時人。家住福建古田縣臨水鄉。父親做過戶部四品郎中，母為葛氏。看起來，她還是出身於官宦之家。後來，陳靖姑得到仙人的指點，學到了真本事。曾在家鄉為民除害，斬殺害民的妖蛇。由此，惠帝封她為順懿夫人。但以上的記載同她的助產神的定位，似乎毫不相干。

她助產的事跡主要有兩件。

其一，為徐翁之媳助產。傳說陳進姑（不是陳靖姑）是福州陳昌的女兒。唐代宗大曆二年（767）生，嫁給了劉杞。不久，就懷孕了。懷孕數月，突遇大旱。陳進姑捨身救旱，自動墮胎，向天祈雨。不久，她就病死了，年僅二十四歲。臨嚥氣時，她發誓道：「我死後一定會成為神仙，去全力地救助產婦。」死後，她真的變成了神仙。

關於順天聖母還有另一個版本。傳說建寧有一個叫徐

清癯的老翁，他的兒媳難產，懷孕十七個月仍然沒有分娩。這可急壞了他們一家人。此事陳進姑聽說了，親自到徐家看望了產婦。陳進姑用神眼一觀，就知道產婦受到了妖蛇的蠱害。神姑當即作法，將妖蛇數鬥打下，使產婦轉危為安，徐翁大喜。

徐清癯實有其人，是南宋寧宗嘉定進士，官至參知政事、資政殿大學士。

其二，為唐朝皇后助產。唐皇后難產，百法莫解，危在旦夕。看到愛妻命懸一線，皇帝十分着急。陳靖姑（不是陳進姑）聽說了此事，就幻化身份，變成一個助產婆，來到宮中，幫助皇后順利地產下了一個皇子。皇帝見母子平安，龍心大悅，當即頒下諭旨，敕封陳靖姑為「都天鎮國顯應崇福順意大奶夫人」，在古田建廟，定時祭祀。自此，大奶夫人陳靖姑名聲大噪，她「專保童男童女，催生護幼」，受到人們的愛戴。

助產神陳靖姑的祖廟在福建，位於福建省古田縣東大橋鎮中村的臨水宮，是全國最大的順天聖母廟。此廟建於唐德宗貞元六年（790），元朝時加以重新修繕。清朝末年，又增容擴建，規模更為壯觀。

順天聖母關係產婦母子平安，故深受民間特別是婦人們的崇拜。農曆正月十五日上元節是陳靖姑誕辰日，屆時民間要舉行盛大的祭祀活動。據清同治《麗水縣志》卷十三記載：

福建省古田市臨水宮順天聖母及十夫人像

　　每歲上元前二日，司事擇婦人福壽者數人，為夫人沐浴更新衣。次日平明升座，各官行禮，士女焚香膜拜，絡繹不絕。至夜，舁夫人像巡行街市，張燈結彩，鼓吹喧闐。小兒數百人，皆執花燈跨馬列前隊，觀者塞路。官員行禮、士女膜拜、塑像巡市、小兒列隊、觀者如堵，順天聖母的誕辰盛況空前。

35

月神嫦娥

月神是中國民間喜聞樂見的愛情之神。月神，又稱月姑、月精、月娘、月宮娘娘、月光菩薩、太陰星主等。

月神，在我們的心目中，大抵是指美麗的嫦娥。中國古書上將嫦娥奔月和后羿射日的神話傳說有機結合，並加以巧妙的編織和合理的鋪演，就變成了一個相對完整的悽美的神話故事。

嫦娥奔月和后羿射日的故事，分別來源於中國古籍《山海經》和《淮南子》。據《山海經‧大荒西經》記載：「帝俊妻常羲。」這裡的「常羲」，就是嫦娥。嫦娥，又叫常儀、姮娥、常娥。

其實，后羿本來是一位天神。他是奉天帝之命下到人間，對蒼生救苦救難來了。這個救苦救難的故事，來源於西漢劉安著《淮南子‧本經》。這裡說到，堯的時候，人間出現了異常情況。天上突然同時冒出來十個太陽，強烈的陽光照在萬物上，烤焦了莊稼，曬殺了草木，老百姓斷了吃食，奄奄一息，嗷嗷待哺。此時，各種妖魔鬼怪、毒蛇猛獸，也紛紛出籠，危害人類。天下大亂，民不聊生。面對此情此景，后羿下凡到人間救苦救難，鏟除妖魔。他用特製的弓

箭，一口氣射落了九個太陽，並除掉了出籠危害人類的妖魔鬼怪，還老百姓一個正常的世界。從此，老百姓可以安居樂業了。

不承想，被射落的九個太陽都是天帝的兒子，惹了大禍。天帝大怒，將后羿和他的妻子嫦娥雙雙趕下天界，貶為凡人。后羿和嫦娥不滿意在人間的生活，還想回到天堂，就請求西王母賜給他們長生不死之靈藥。不久，他們得到這服靈藥。后羿徒弟趁其不在家欲偷靈藥，恰被嫦娥撞見。慌亂之中，嫦娥吞下了靈藥。吃了長生不死藥的嫦娥，飛上了月宮。后羿失去了愛妻，很是失落，但也沒有辦法了。嫦

月神像，
《真禪內印頓證虛凝法界
金剛智經》，三卷

娥飛到了月宮，成了月宮的主人，就是月神。

但嫦娥在廣漠的月宮也感到無限的寂寞，從而更加思念在人間的丈夫后羿。因此，嫦娥設了一計，讓后羿在陰曆八月十五月明之時，做成圓形的丸子，放在屋內的西北方向，三更時分，連呼嫦娥的名字，嫦娥就可以從月宮飛回人間了。后羿如法炮製，終於如願以償。后羿和嫦娥得以團圓，圓狀形的丸子就變成了後來的月餅。中秋節望月宮，吃月餅，正是盼望戀人、親人永遠團圓之意。

青年男女談情說愛，往往在花前月下。對月海誓山盟，是古代才子佳人的通行做法。他們祈求月宮娘娘為他們的愛情作證，讓他們白頭偕老，相愛終生。因此，美麗的嫦娥就成了戀愛男女的見證人。月神一直寄託着戀愛中的男女的複雜情懷。

36

鬼卒煞神

煞神又叫凶神，民間傳說的惡鬼，俗稱煞。據說，人死後靈魂要返回世間，與自己的屍身相聚。這叫作歸煞，或回煞。歸煞時，死者家屬要在死者棺木旁邊放置死者衣服被褥，然後舉家迴避。但是，這個死者的魂靈來去並沒有自由，陰間特派一個鬼卒監督來往。這個鬼卒就是煞神。死者的魂靈回家的日期各地不同，有七天的，有十四天的，有二十一天的，有二十八天的。

前五代時，凡遇父母喪亡時，都要按天干地支推算歸煞的準確日期。到時候，家中子孫必先逃竄，不可居留家中，否則有生命危險。煞是甚麼形象呢？據說，煞是一個白色男子。他死去後，在陰間住了二十天和二十九天時，兩次回家探望。所以，世俗也都效法，在父母死後三七二十一天時，和四七二十八天時，相率躲避，免與凶煞相遇。

北方人多講避煞。而南方人多有接煞的風俗，即父母死後，請陰陽家推算返魂的具體日期，到時候預先接下巫婆等待，如此叫做接煞。地域不同，對待煞的態度也不同。

清朝中葉著名文學家袁枚撰寫的一部筆記小品《子不語》，共二十四卷，全講鬼怪故事。其中《煞神受枷》一文，即講述陰間的煞神因違犯陰界律例，受到枷械處罰的故事。

煞神在這裡，也如人間饕餮之徒一般，因貪圖口福而誤事，很有味道。

話說江蘇省淮安一名姓李的男子，與其媳婦婚姻美滿，生活幸福。不料，李生三十多歲時，一病而亡。丈夫的屍體已經入殮，但妻不忍釘棺，白天黑夜地悲泣，還不時地啟棺看看。淮安地區喪事有迎煞的風俗，人死七天之時，陰間的煞神會監押着死者的亡魂，回到人間與屍體見上最後一面。此時，死者家裡人必須迴避。然而，妻子讓子女到別的房間去躲避，自己則獨自躲到丈夫的睡帳中，等待亡魂的到來，希冀見上一面。

至半夜，陰風颯然，燈火盡綠。此時，只見一個惡鬼飄然飛來。此鬼紅髮圓眼，高達丈餘，手持鐵叉，張牙舞爪，用繩索牽着她的丈夫，從窗戶竄將進來。煞神忽然瞥見棺木之前擺設的酒饌，一股久別的酒肉香氣撩逗起他的食慾，就扔下李生，不顧一切地大肆饕餮起來。不管是酒是肉，一個勁地往嘴裡灌，只能聽到吞食的嘖嘖聲。

李生回到家裡，撫摸舊時的桌椅，想起往事，感慨萬千，喟然長歎。不知不覺間，走到睡帳前，揭開帷帳，突然見到陰陽兩隔的妻子，不知所措。妻子大呼，上前緊緊抱住自己的丈夫。妻子感到自己摟抱的好像是一團冷雲，於是趕緊用棉被將丈夫裹住。

紅髮煞神突然聽到大呼聲，知道大事不好，急忙趕來牽奪李生。妻子大叫，也同煞神死命爭搶。此時，孩子們

發現了，也過來搶奪爸爸。煞神喝醉了，爭搶不過，便退走了。妻子和孩子把李生的魂魄置放到棺材裡，屍體竟然慢慢有氣了，漸漸地復甦。於是，他們將李生抱到床上，灌以米汁，孰料李生天亮就好了。後來，他們還做了二十年夫妻。

妻子六十歲的時候，在城隍廟禮拜。恍惚中，見到兩個夜叉鬼，枷械一個罪犯走過。妻子仔細一看，原來是紅髮煞神。紅髮煞神罵罵咧咧地說道：「我因為嘴饞，叫你作弄了，判刑二十年。今天終於見到你了，我能放過你嗎？」

妻子回家就死了。

這是一個不怕鬼的故事。有趣的是，不怕的竟然是兇神惡煞中的煞神。打敗煞神的居然是一個女人和兩個孩子，這足以說明鬼神是不可怕的。鬼也有他的短處，抓住鬼的短處，完全可以戰而勝之。精誠所至，鬼神避之。

《子不語》還講了另外一個不怕煞神的故事。

《江軼林》篇中，說江軼林是通州的一個讀書人，娶妻彭氏，感情甚篤。一天，江生出外參加秀才考試，考中了秀才。過兩天，突然傳來了妻子彭氏死亡的噩耗。江生急忙趕回家，不料彭氏已經死去十四天了。此地民間慣例，人死十四天時，要於夜間在亡者棺材旁邊，擺放死者生前的衣裳被褥，舉家躲避。好讓死者亡靈前來同其屍體相會，名曰回煞。江生痛失嬌妻，想在此時同其見上一面，就偷偷地躲在棺材旁邊的床底下。

守至三更，聽到屋角微微響動，只見彭氏自靈前順着棺

煞神像

材走到床前，慢慢揭開帷帳，低聲問道：「郎君回來了嗎？」江生突然躍出，緊緊抱住其妻大哭。哭罷，各訴離情，解衣就寢，歡好無異生前。江生從容問道：「聽說人死有鬼卒監押，回煞有煞神同來，你怎麼獨自回來了？」彭氏答道：「煞神就是負責管束鬼卒的。有罪之人，煞神就綁縛監押跟來。冥間認為妾身無罪，且與君前緣未斷，所以讓妾獨自回來了。」自此，日日夜間彭氏都回家來，延續了兩個月。彭氏死去，直到十七年後，又託生另外一個女子，嫁給了江生。

這個故事是說，像煞神一樣的鬼也是有人情味的。你如果是好人，也會善待你的。這個煞神也是不可怕的。這個故事回煞的時間是人死後的第十四天。

吉祥神

37

兒童保護神准胝觀音

准胝觀音，東密六觀音之一。「准胝」，又常作「准提」，意為清淨，意思是心性潔淨。准胝觀音，亦稱准提觀音、尊提觀音等。她無微不至地守護眾生，可以說是七十七（即無數的意思）俱胝佛所共同加持的化身，是中國佛教徒心目中的慈悲菩薩形象，常為女性形象。此觀音在漢傳佛教天台宗，被稱為天人丈夫觀音。

准胝觀音亦是七俱胝諸佛菩薩之母，有蓮花部諸尊之母的稱號。在准提壇城，准提佛母居中，八方有八大菩薩圍護。此八大菩薩即觀自在菩薩、彌勒菩薩、虛空藏菩薩、普賢菩薩、金剛手菩薩、文殊菩薩、除蓋障菩薩、地藏菩薩，他們都是准提佛母的晚輩。

據說，此觀音經常來到世間做好事。能摧毀危害眾生的惑業，能使眾生消災延壽，並能使眾生消除罪障。如果誦念准胝觀音的陀羅尼真言，還能克敵制勝，使夫妻和睦，互相恩愛，還能使人得子，治癒諸病等。因其神通廣大，得到受眾的廣泛信仰。

准胝觀音的形象，以三目十八臂的為多。三目分別是佛眼、法眼、慧眼，是救惑、業、苦的三慈眼；十八臂亦

各有義理，其中央雙手即是用來破除「人道」貪、嗔、癡三障的。准胝觀音安坐於出水蓮花之上，下有兩位龍王支撐。顯示其增德進福，能消除一切苦難，使眾生延年益壽。還能止小兒夜啼，很受婦女歡迎。

　　准胝觀音過去在民間受到廣泛崇拜，如今，中國各地仍有不少准胝庵或准提庵。

消災免禍千手觀音

千手觀音，又名千眼千臂觀世音，簡稱千手觀音。東密六觀音之一。與東密相對應，千手千眼觀音即天台宗的大悲觀音。

據唐伽梵達摩譯《千手千眼觀世音菩薩廣大圓滿無礙大悲心陀羅尼經》記載，觀世音在過去「無量億劫」即極為遙遠的過去，就發誓要利益安樂一切眾生，於是長出千手千眼。千手表示遍護眾生，千眼表示遍觀眾生。據說，供養千手千眼觀音，能夠得到她的庇護，免除災難。千手表示大慈悲的無量廣大；千眼寓意智慧的圓滿無礙。

千手千眼觀音的造像有兩種。一種是四十二手眼，一種是千手千眼。四十二手眼的造像，是兩手兩眼下，左右各具二十手二十眼，手中各有一眼，共四十二手四十二眼。再各配所謂二十五「有」，而成千手千眼。二十五有是佛教概念。「有」是存在的意思。二十五有是指佛教三界中二十五種有情存在環境。其中，慾界十四有，色界七有，無色界四有。

另一種千手千眼的造像是：面有三眼，臂有千手，於千手掌各有一眼，頭戴寶冠，冠有化佛。其正大手有十八臂，

重慶市大足區大足石刻之千手觀音像

先以二手當心合掌；餘下十六手各持金剛杵、三戟叉、梵筴、寶印、錫杖等法器；其餘九百八十二手，皆執各色寶物。

中國最大的木雕千手千眼觀音是在承德外八廟的普寧寺。普寧寺建於清乾隆二十年（1755），是清代乾隆皇帝在承德修建的第一座寺廟，規模宏大，體系完整。

普寧寺在承德外八廟中有着十分重要的地位。清代蒙古族宗教領袖章嘉呼圖克圖和哲布尊丹巴呼圖克圖，每逢來承德避暑山莊覲見乾隆皇帝後，都要到普寧寺為喇嘛講經。六世班禪不遠萬里從西藏來到承德為乾隆皇帝祝壽，就首先下榻於普寧寺。

清代，普寧寺是承德外八廟的宗教活動中心。如今，寺廟的主體建築及殿堂陳設均為清代原始構造。其中，主體建築大乘之閣內主供的千手千眼觀世音菩薩，更是中國古代雕像藝術的瑰寶。這尊觀世音菩薩像高 27.21 米，是目前世界上最高大的木結構佛像，已被列入吉尼斯世界紀錄。大佛內部構造為正中一根粗大的中心柱，總高約 24 米，直徑 66 厘米，由三根圓木墩接而成，是大佛的主幹，穿通各層隔板，直達頭部。柱根埋須彌座下 3.63 米。

1961 年，普寧寺被國務院列為首批國家重點文物保護單位。1965 年僧人重新進駐寺廟，恢復宗教活動，普寧寺成為我國北方最大的藏傳佛教活動場所。

39

傳宗接代送子觀音

送子觀音是中國民間信仰的吉祥神。舊時的中國社會，受到儒家的無後不孝、多子多福、母以子貴等觀念的影響，對子嗣的延續，是極為關注的。因此，有了送子觀音存在產生的土壤。

送子觀音到底是如何產生的，學界目前是兩種觀點：一是印度佛教原有說；一是中國民間創造說。

印度佛教原有說。送子觀音是印度佛教原來就有的，是訶梨帝母，俗稱鬼子母，原為伊朗女妖魔，後傳入印度。鬼子母原為一外道鬼女，以吃小兒為生，後來皈依佛教。關於她皈依佛教的故事，佛經中有許多不同的記載。

據唐義淨譯著《毗舍奈耶雜事》記載，傳說古代王舍城有獨覺佛出世，舉行慶賀會，約五百信徒赴會。已懷孕牧牛女子也歡喜隨行舞蹈，致胎兒流產，而信徒們皆無一施援手。故女子懷恨在心，發下毒誓：我欲來世生王舍城中，盡食人子。

後來果真如願生王舍城為娑多藥叉長女，後嫁給北方犍陀羅國藥叉半遮羅之子半支迦，成為鬼子母，生有五百個孩子。從此，日日捕捉城中小兒食之。佛祖聞聽趕去勸說無效，

遂趁其外出之際，將她最寵愛的小兒子愛機偷偷藏匿在自己吃飯的飯碗裡。鬼子母回家發現丟失愛機，遍尋全宇宙不獲，只好求助佛祖。佛祖勸道，你有五百個孩子，現在少了一個，尚且如此。世人只有一兩個孩子，失去了親愛的骨肉，心中不知有多麼悲傷呢！佛祖勸其將心比心，並以因果報應進行說教，果然勸化鬼子母，令其頓悟前非，悔過自新，皈依佛教，成為護法諸天之一。元代雜劇《鬼子母揭缽記》即描寫此事。後來，鬼子母成了婦女生育和兒童安全的保護神。

不過，有學者認為鬼子母轉投佛教的故事，也許是當時的佛教徒為使伊朗人從拜火教和萬靈論轉移到佛教而故意編造的。

中國民間創造說。有的學者認為，送子觀音不是舶來品，而是出自中國本土。因為佛教經典中，雖然有六觀音、七觀音、三十三觀音等說法，但是沒有送子觀音。送子觀音是中國民間創造的。佛教傳入中國後，佛和菩薩的形象逐漸為國人所熟悉。人們常見的東方香積世界阿 佛、南方歡喜世界寶相佛、西方安樂世界無量壽佛、北方蓮華莊嚴世界微妙聲佛，以及駕獅子持智慧之劍的文殊菩薩、騎白象的普賢菩薩，都是從印度傳來的。而送子觀音的形象，卻是中國佛教所創造的。佛教經典《法華經》中說：「若有女人設欲求男，禮拜供養觀世音菩薩，便生福德智慧之男；設欲求女，便生端正有相之女。」這是民間送子觀音的由來。

觀音菩薩原本是男身，傳入中國後，就逐漸變成女兒

身了。在這個過程中，有一本書起到了很大作用。宋末元初，有一位名叫管道升的女作家撰寫了《觀世音菩薩傳略》，描述了一個國王妙莊王和他的三個女兒的故事。三個女兒，叫妙因、妙緣、妙善，後來經過曲曲折折，大喜大悲，妙善終成正果，變成了千手千眼觀音菩薩。這尊千手千眼觀音菩薩，雍容端莊，慈善安詳，是古代貴夫人的形象。

到了明朝，作家西大午辰走人撰寫了神魔小說《南海觀音傳》，對《觀世音菩薩傳略》的內容有所闡發和昇華。該書共二十五回，描寫了興林國妙莊王夫婦和他們的三個女兒妙清、妙音、妙善的悲歡離合、生死訣別，最後他們全都升入天堂，成為神仙。玉皇頒發詔旨：

其封（妙善）為大慈大悲救苦救難南無靈感觀音菩薩，賜予蓮花寶座一副，求作南海普陀岩道場之主。其姐妙清、妙音初耽世味，後能改行遷善，修行慕道，遇難不污。妙清封為大善文殊菩薩，賜予青獅，出入騎坐；妙音封為大善普賢菩薩，賜予白象，出入騎坐，求作清涼山道場之主。其父莊王封為善勝菩薩，都仙官；其母封為萬善菩薩，都夫人。其善才、龍女封為金童、玉女。

民間傳說，送子觀音是靈驗的。據說晉朝有個叫孫道德的益州人，年過五十，還沒有兒女。他家距佛寺很近，景平年間，一位和他熟悉的和尚對他說，你如果真想要個兒子，一定要誠心念誦《觀世音經》。孫道德接受了和尚的建議，每天念經燒香，供養觀音。過了一段日子，他夢見觀音

菩薩告訴他：「你不久就會有一個大胖兒子了。」果然不久夫人就生了個胖乎乎的男孩。當然，這都是人們美好的願望，不可能是真的。

40

送子張仙孟昶

張仙是中國民間供奉的吉祥神。據說，只要你虔誠地信奉張仙，他就會給你送來大胖小子。所謂信奉，不外乎觸摸他，祭祀他，禮拜他，念誦他。舊時，張仙的牌位要供在屋內，張仙的紙像要掛在煙囱的左邊。

張仙不同於一般的神仙，是個十足的美男子。一身華貴的公子哥打扮，面如敷粉，唇若塗丹，一雙鳳眼，五綹長鬚。他左手張弓，右手執彈，做仰面直射狀，右上角還常畫有一隻天狗。這位張仙爺的雕像或是塑像較少，大多是畫像。

據說，張仙的原形是後蜀的國主孟昶。清朝的學者褚人穫曾記載了一個關於孟昶的民間故事。清褚人穫著《堅瓠三集》卷四「張仙」條云：「世所傳張仙像，乃蜀王孟昶挾彈圖也。昶美丰姿，喜獵，善彈。乾德三年，蜀亡。花蕊夫人隨輦入宋，後心嘗憶昶，因自畫昶像以祀。藝祖見而問之，答曰：此我蜀中張仙神也，祀之令人有子。歷言其成仙後之神異。故宮中多奉以求子，傳於民間。」

這裡是說，世間所傳神仙張仙的畫像，乃是後蜀的國主孟昶的挾弓射彈圖。孟昶面容英俊，體態魁梧，喜歡打獵，

善於射彈。宋太祖乾德三年（965），後蜀滅亡。孟昶的皇后花蕊夫人，乘着輦車來到了宋朝的首都汴梁（今河南開封），做了宋太祖趙匡胤的后妃。花蕊夫人心裡常常思念孟昶。思緒難耐，就自己動手畫了一幅孟昶的畫像，貼在牆上，來紀念他。不料，宋太祖見到了畫像，就問道：「這是誰？」花蕊夫人不敢說實話，機敏地答道：「這是我在蜀國時的神仙張仙的畫像，祭祀他，可以得到子嗣。」並一再陳說張仙成仙後如何靈驗，宋太祖信以為真，未加干涉。因此，皇宮內部多供奉張仙畫像，以祈求降生兒子。這種習俗，後來傳入民間。很明顯，以上的記載是一個民間傳說。

孟昶，歷史上實有其人。孟昶的父親是孟知祥。933年孟知祥任後蜀國主。宋太祖初年，孟昶繼承了後蜀國主之位。孟昶是個奢侈腐化的昏君，國家軍政大權主要由王昭遠、韓寶正等無能的權臣掌握。孟昶的生母太后李氏，是一個明達事理的人，她早就勸說孟昶，要重用立過戰功的人，可是孟昶不聽。宋太祖乾德二年（964），宋太祖派兵討伐後蜀。孟昶派傲慢自大的王昭遠為統帥迎敵。此役蜀軍屢吃敗仗，無奈退守劍門（今四川劍閣）。劍門一役，事關存亡。

孟昶卻任命昏聵無知的太子孟玄喆為元帥。孟玄喆只知吃喝玩樂，不理軍務，劍門很快失守。面對宋軍的凌厲攻勢，孟昶束手無策，下表投降。孟昶被宋太祖安排進了華麗的宮舍，以消解孟昶的意志。宋太祖從出兵後蜀，到後蜀投

張
仙
送
子

張仙送子圖

降，前後共六十六天。宋太祖乾德三年（965）六月，蜀主孟昶率子弟家族官屬，來到宋都汴梁。太祖封孟昶為檢校太師兼中書令，爵封秦國公；子孟玄酷，為泰寧軍節度使。過不幾天，孟昶患病而死，追封為楚王。其母李太后得知兒子死去，亦數日不食而死。

孟昶死後，太祖看到孟昶的溺器竟然用珠寶裝飾，大怒，命令砸碎它。並感慨地説：「能以珠寶裝飾溺器，貯存食品的食器得用甚麼裝飾？所行如此奢腐，豈有不亡之理！」宋太祖對於貪污腐敗很是厭惡。大將王全斌平滅西蜀本來立下大功，可是因為在蜀有貪掠財物腐敗之行，歸來後不僅沒有被提升，反而受到降職處分。而在蜀注重清廉的曹彬，歸來時囊中只有圖書和平時穿的幾件衣裳，結果受到了重賞和提拔。以上便是關於孟昶的歷史真相。

張仙在典籍上最早的記載，見於北宋文學家蘇洵的《蘇老泉先生全集》。《蘇老泉先生全集》卷十五《題張仙畫像》：「洵嘗於天聖庚午重九日，至玉局觀無礙子卦肆中，見一畫像，筆法清奇，乃云張仙也，有感必應。因解玉環易之。洵尚無子嗣，每旦，必露香以告。逮數年，既得軾，又得轍，性皆嗜書；乃知真人急於接物，而無礙子之言不妄矣。」這是説，宋仁宗天聖庚午年間重陽日，北宋散文家蘇洵（字明允，號老泉），迤邐來到玉局觀遊玩。走進算命先生無礙子的卦肆，突然看到一張華美的畫像，筆法清奇，引人注目。蘇洵好奇地問道：「這是誰？」無礙子答曰：「這就是大名鼎

鼎的送子張仙。他很有神通，只要禮拜他，有感必應。」蘇洵當時還沒有子嗣，就抱着試一試的心態，解下自己佩戴的玉環，將張仙畫像換了回來。每天清晨，在屋外燒香禱告。就這樣，一直堅持了數年。感動了張仙，先後得到了蘇軾和蘇轍。他們哥倆都愛讀書。蘇軾、蘇轍二人都是北宋著名文學家，並名列唐宋散文八大家。通過這件事，蘇洵才相信無礙子的話不是瞎説。

蘇洵、蘇軾和蘇轍父子三人，文學史上號稱「三蘇」，都是著名的文學家。用他們的逸聞趣事來解讀張仙，顯得很有説服力。

還有一個張仙射天狗的傳説。從宋太祖起，張仙便在宮中落了腳，受到皇家的奉祀。宋仁宗嘉祐年間（1056—1064年），皇帝趙禎年已五旬，尚未有子。某夜，夢一美男子粉面五髯，挾彈而前，説道：「陛下因有天狗看守宮牆，所以得不到子嗣。陛下多仁政，今天我特為陛下射彈，驅逐天狗。」宋仁宗打聽他的來歷。他説：「我是桂宮張仙。天狗在天上遮掩日月，到世間專吃小兒，只要一見到我就會逃跑。」宋仁宗聽了大喜，一跺腳忽然醒了，才知是大夢一場。他馬上命人畫了張仙像，掛在寢宮裡。此事載於《歷代神仙通鑒》卷九。但是，宋仁宗始終沒有得到兒子，只好從親族中收養了一個。

舊時，能夠看到張仙彈射天狗的畫像。逢年過節，人們只要花上二三文錢，即可把張仙畫像請到家裡來，貼在煙

囱旁。這時的張仙已是清人打扮，身着黃褂綠袍，手握強弓鐵彈，做面向天空射擊天狗的姿勢。畫像兩旁還常貼上一副對聯：打出天狗去；保護膝下兒。橫批是：子孫繩繩。

民間有一種說法，家裡的煙囱衝着天，會有天狗順煙囱鑽進屋裡，嚇唬小孩，傳染天花，禍害兒女。張仙守住了煙囱口，天狗就不敢鑽進屋來了。因此，將張仙的畫像貼在煙囱旁。

另有一個說法，認為張仙是神仙張遠霄。清褚人穫著《堅瓠三集》卷四「張仙」條云：「郎仁寶云，張仙名遠霄，五代時遊青城山得道者。蘇老泉曾夢之，挾二彈，以為誕子之兆，老泉奉之，果得軾、轍，有贊見集中。人但知花蕊假託，不知真有張仙也。」這裡提出一個新的說法，張仙原來是張遠霄，是五代時遊歷道家聖地青城山的得道者。蘇洵曾經夢到他，他手拿兩粒彈子，準備射弓。蘇洵睡醒後，認為「彈子」就是「誕子」的諧音，是誕生兒子的意思。兩粒彈子，預示誕生兩個兒子。果然，蘇洵先後得到了蘇軾、蘇轍兩個兒子。這件事在《蘇老泉先生全集》中記有贊辭。人們只知道有假託的花蕊夫人，不知道還有一個真張仙是張遠霄。

清趙翼著《陔餘叢考》記載：「《續通考》云：『張遠霄，一日有老人持竹弓一、鐵彈三，來質錢三百千，張無靳色。老人曰：吾彈能辟疫，當寶用之。後老人再來，遂授以度世法。熟視其目，有兩瞳子。越數十年，遠霄往白鶴山，遇

石像名四目老翁，乃大悟，知即前老人也。』眉山有遠霄宅故址。」

這是說，一天，有一個老人拿着一彎竹弓和三粒彈子，來向張遠霄換取三百千錢。這點東西雖然不值幾個錢，張遠霄還是痛快地給他換了。老人臨走時說道：「我這三粒彈子，可是寶貝，可以消滅疾病災疫。你好好地使用它吧！」後來，老人再次來，就傳授給他度世法。張遠霄仔細地觀看老人的雙眼，發現老人的每個眼睛裡有兩個瞳子。經過幾十年，張遠霄遠赴白鶴山，遇到一個石雕像，名四目老翁。張遠霄恍然大悟，知道這個雕像就是以前的那個老人。

宋朝大詩人陸游也曾在詩中談到張仙。陸游《答宇文使君問張仙子》詩自註云：「張四郎常挾彈，視人家有災者，輒以鐵丸擊散之。」本來張仙是辟疫之神，以彈子與誕子諧音，遂改為送子之神。

天津天后宮張仙閣，比較有名氣。

泰山娘娘碧霞元君

碧霞元君是道教尊奉的吉祥神。傳說，她是東嶽大帝之女，宋真宗（997—1022年在位）時封為天仙玉女碧霞元君，俗稱泰山玉女或泰山娘娘。舊時，中國民間有許多娘娘廟，廟裡供奉着許多女性神。如王母娘娘、天妃娘娘（媽祖）、泰山娘娘等。民間信仰中，泰山娘娘主司婦女多子並為保護兒童之神，因而，又稱其為送子娘娘、碧霞元君。碧霞元君在中國北方很受崇拜。

那麼，碧霞元君的出身到底是怎樣的呢？目前，大抵有五說。

第一是宋真宗所封泰山之女說。清張爾岐著《蒿庵閒話》云：「元君者，漢時仁聖帝前，有石琢金童玉女，至五代，殿圮像仆，童泐盡，女淪於池（按：指泰山嶽頂『玉女池』）。宋真宗東封還次御帳，滌手池內，一石人浮出水面，出而滌之，玉女也。命有司建祠奉之，號為聖帝之女，封天仙玉女碧霞元君。」

這是說，漢朝時，在皇宮中有金童玉女石雕像。到五代時，已經度過好幾百年了。宮殿坍塌，石像倒地，金童粉

碎，玉女墜池。這個水池，就是東嶽泰山極頂的玉女池。不知何故，玉女石像竟然流轉到了泰山上的水池中。到了宋朝，宋真宗東封時回來，駐蹕在御帳裡。有一次，他在池邊洗手，有一石人浮出水面。宋真宗將石人從水中取出，親手洗滌。洗淨一看，竟是玉女石像，宋真宗大奇，便詔令有關部門，就此建祠供奉，號為東嶽大帝泰山之女，封為天仙玉女碧霞元君。

明成化年間又給這座碧霞元君祠，賜額為「碧霞靈應宮」。

第二是黃帝手下七仙女之一說。據說，遠古的黃帝，在建造岱嶽觀時，曾經派遣七位仙女下凡，頭戴雲冠，身披羽衣，以迎接西崑崙真人。玉女，是七位仙女當中修道成仙者。

明顧炎武《日知錄》和清翟灝《通俗編》反對此說，謂西晉張華著《博物志》早有泰山神女「嫁為西海婦」的故事，後世所傳泰山女，源流都在此處。宋真宗所封之玉女，即此泰山女，而非黃帝所遣之玉女。

第三是應九炁以生而成天仙說。九炁，亦稱九氣，指始氣、混氣、洞氣、元氣、旻氣、景氣、玄氣、融氣、炎氣。道教則稱碧霞元君乃應九炁以生，受玉帝之命，證位天仙，統攝嶽府神兵，照察人間善惡。這是說，碧霞元君是道教所稱的九炁凝聚而成，得到玉皇大帝的諭旨，才證位天仙，統攝嶽府神兵，以後照察人間善惡的。

第四是大善人右守道之女説。據説，漢明帝時有個大善人叫右守道，他的太太金氏生了個女神童，智力超常。三歲知詩書禮樂，七歲通漢家諸法，日夜禮拜西王母，十四歲時入泰山黃花洞潛心修煉，道成飛升，做了碧霞元君。

第五是泰山石敢當之女説。泰山山頂有碧霞祠，供奉泰山之神碧霞元君。傳説碧霞元君是石敢當之女。石敢當住於泰山東南徂徠山下，生活雖然貧困，但為人正直。其家有三女，長女、二女已出嫁，碧霞元君為其第三女。三女常助父母砍柴，賣之山陽集上。一日砍柴遇暴風雨，避入一山洞中，洞有老嫗烤火於柴堆旁，三姑娘求借宿，老嫗允之。自是與老嫗熟，常助其生活之需。如此者數年。一日老嫗謂三姑娘曰：「汝非凡人，乃天上仙女。福大命大造化大。徂徠山容汝不了。汝住徂徠山，已將其地壓落三尺。」今徂徠山頂平，無主峰，傳云即三姑娘之所壓也。老嫗復語之曰：「汝自此西北行，約五十里，其地有大山曰泰山，今尚無主之者，汝可去主其地。」三女即來到了泰山。這位老嫗不是凡人，乃是觀音菩薩。三女後來被玉皇封為碧霞元君。

這五種説法，當以第一説為是，即碧霞元君的祖籍是東嶽泰山，她是東嶽泰山之女。泰山的碧霞祠是碧霞元君上廟，位於岱頂天街和大觀峰之間。碧霞祠是一組宏偉壯麗的古代建築群。面積三萬九千多平方米，由大殿等十二座大型建築物組成。碧霞祠大殿五楹，九脊歇山式頂。檐

下高懸清雍正帝「贊化東皇」、清乾隆帝「福綏海宇」巨匾。
正中神龕內的碧霞元君貼金銅坐像，鳳冠霞帔，安詳端莊。

　　北京四方都建有碧霞元君廟，分別叫「東頂」「南頂」
「西頂」「北頂」。妙峰山的碧霞元君廟最有名，叫「金頂」。
每年陰曆四月初一金頂開廟，當天，人山人海，摩肩接踵。
據說，慈禧太后曾經為其子同治皇帝載淳祈求發痘平安，叫
廟裡要等她進香以後再開廟，這叫「燒頭香」。儘管慈禧太
后可以「燒頭香」，碧霞元君還是沒能救得載淳性命，他最
終仍然發痘而死。當然，這是坊間的傳聞，其實同治皇帝是
死於梅毒。

42

七星媽七星娘娘

七星娘娘是保護孩子平安和健康的吉祥神。七星娘娘又叫七星媽、七星夫人、七娘夫人。七星娘娘不是一個人,而是七位端莊溫婉的女人。七星娘娘在我國南方和台灣地區十分有名,受到民間的崇拜。

孩子的抵抗力差,最容易受到疾病的侵襲。從古代始,人們就把孩子抵抗疾病的希望,寄託在神明身上。七星娘娘也就應運而生了。孩子沒病時,人們去給七星娘娘燒香,祈求神明保佑孩子平安無事;孩子生病時,人們去給七星娘娘燒香,是祈求神明儘快地治好孩子的疾病。有的家長讓孩子認七星娘娘作「乾媽」,或為孩子請來「長命鎖」,用以保佑孩子一生平安。

台灣民間流行一種「成丁禮」。男孩、女孩都施行這個民間儀式。男孩是在十六歲的時候,在農曆七月七日這一天,全家穿戴整齊,由父母帶領男孩,捧着供品,到七娘廟去參拜,答謝七星娘娘的保佑之恩。女孩也是如此,還要大擺宴席,宴請親朋好友。這個儀式,一方面是答謝七星娘娘的恩德;另一方面,也是告誡孩子,他們已經長大成人了。

據說,七星娘娘本來是織女星。

七星娘娘為甚麼是七位呢？大概是由民間傳說七仙女演化而來的。當然，傳說就是傳說，並無嚴格的邏輯。七星娘娘帶給人們更多的是心理的滿足和精神的寄託。

43

保生大帝名醫吳夲

保生大帝是南方著名的神醫，是婦女的保護神，是閩南籍百姓所尊奉的地方守護神。

保生大帝，本名吳夲（音滔；不是「本」字，是「夲」字），字化基，亦稱大道公、吳真君，福建省同安縣白礁村人。宋太宗太平興國四年（979）三月十五日生。相傳其祖先是戰國時的吳季禮，子孫向四處發展，傳了九世。到了大帝的父親吳通、母親黃氏，避亂而南遷，到了福建同安的白礁村。

對保生大帝，許多典籍都可以找到他的蹤跡。如《閩書》《同安志》《台南市宗教志》都有所記載。把這些記載綜合起來，可以給保生大帝畫一幅像。

其一，醫術高明，起死回生。吳夲醫術高超，手到病除，療效甚佳，是病人的好醫生。同時，吳夲醫德高尚，無分貴賤，一視同仁。「病人交午於門，無貴賤悉為視療」。一日，吳夲上山採藥，見草叢裡有一具屍體，少了一條腿，像是剛死不久的樣子。吳夲便找來一根樹枝，接到缺腿處，略施法術，屍體竟然復活了。原來，這是一個書童，在陪同縣令出遊的路上，被猛虎咬掉大腿而死。吳夲便

帶書童去見縣令，事情果然如此。

其二，醫治太后，轟動京城。宋仁宗天聖九年（1031），
趙禎的母后罹患乳疾，難於啟齒。太醫們無法診斷病因，難
以下藥，太后病情一天天惡化。宋仁宗趙禎束手無策，只好
張榜求醫。但皇榜貼出去十多天，也不見有人揭榜，宋仁宗
趙禎更加心急如焚。

這天，恰好吳夲雲遊到京城，見此皇榜，便伸手揭了下
來。宋仁宗趙禎聽說有人主動揭了榜，大喜，立即傳見。等
見到布衣草鞋相貌平平的吳夲，宋仁宗趙禎的心又懸了起
來。無奈，人既然來了，還是讓他試試吧。

來到後宮，吳夲見帷幔隔住了繡床，看不到裡面。太
監將一條紅絲線從帷幔後面牽出，讓他在紅線上把脈。這
是只有醫術達到巔峰的醫師才有的絕技。吳夲不慌不忙，
伸出三根指頭輕輕地按在紅線上，隨即歎了一口氣，說道：
「沒治了，沒治了，無脈了，無脈了。」說罷起身就要告辭。
站在一旁的宋仁宗趙禎不僅沒生氣，臉上還露出了一絲笑
容。原來，這條紅線是宋仁宗趙禎出主意綁在床杆上，故意
試探吳夲醫術的。宋仁宗趙禎見吳夲確實有本事，便命正
式開診。

吳夲只好再次把脈紅線，認真辨認，一刻鐘後，道：「不
妨事，不妨事。」說完，他提筆開了一紙藥方，然後請宋仁
宗趙禎將女醫傳來，並教授女醫治療秘法。經過一番調治，
宋仁宗趙禎母后的病終於痊癒。

宋仁宗趙禎欲大加封賞，吳夲辭卻不受。最後，宋仁宗趙禎賜他在故里白礁擇地（現白礁慈濟祖宮正殿），結廬修真悟道，行醫濟世。

後來，宋高宗趙構頒詔建廟白礁，奉祀大帝，這座大廟就是現在白礁的祖宮。不久，還在青礁建廟，塑大帝神像奉祀。從此，吳夲成為保生大帝。如今，青礁縣的慈濟宮，仍奉保生大帝塑像，供人們瞻仰膜拜。

其三，治癒國母，國母賜印。明成祖永樂十七年（1419），朱棣的文皇后患乳疾。太醫久治無效，朱棣下詔懸賞求醫。

保生大帝聞之，化成遊方道士揭榜施醫，藥到病除。朱棣大喜，欲封道士為御醫，道士堅辭不就，旋即乘鶴飛去。朱棣大驚。後經精通道法的大臣解釋，方知是保生大帝顯靈。於是，朱棣加封保生大帝為「恩主吳天醫靈妙惠真君萬壽無極保生大帝」。

文皇后為感謝保生大帝顯靈救命之恩，特命京都能工巧匠精雕一頭握有保生大帝印章的石獅，專程運送到白礁慈濟祖宮，歷代相傳，永作紀念。後來人們就把文皇后所賜的石獅，稱為「國母獅」。

其四，瘟疫猖獗，大帝顯靈。清初，台灣一帶瘟疫猖獗，醫生百無良策。台灣的福建移民想起了救苦救難的神醫保生大帝。他們強渡海峽，來到白礁慈濟宮，請回保生大帝的靈身，供奉於南郡，瘟疫就真的絕跡了。於是，保生大

帝得到了台灣人民的信任。從此，保生大帝的廟宇遍佈全島，至今已有一百六十餘座。

在台灣學甲鎮，人們把祭祀保生大帝與鄭成功登陸之日聯繫到了一起。明永曆十五年（1661）三月三十一日，由鄭成功組建的抗清先鋒軍，渡過海峽，在台南學甲登陸。由於有着深厚的大陸情結，參加抗清先鋒軍的白礁子弟就把每年的陰曆三月三十一日定為遙拜大陸的節日。屆時，他們舉行隆重的儀式，遙拜大陸的保生大帝。為此，他們還仿照福建白礁慈濟宮的模樣，在台灣學甲鎮建造了一座白礁慈濟宮，以解他們的思鄉之情。

台灣人把大陸的白礁慈濟宮視為祖廟。每年農曆三月三十一日，大陸白礁村和台灣學甲鎮兩座慈濟宮，都要舉行大型的廟會活動，祭奠保生大帝。

台灣學甲鎮慈濟宮，每年都要舉行「上白礁」的謁祖祭拜儀式。屆時，多達十數萬人湧上街頭，如同歡樂的節日，敲鑼打鼓，鞭炮齊鳴，祭奠保生大帝。

44

善財童子喜慶神

善財童子，簡稱善財，是佛教菩薩名。據佛經記載，孟加拉灣沿岸有一座福城，福城裡住着一位毫釐長者，晚年得了一個愛子。這個孩子出生之時，家裡忽然冒出了各種各樣的稀世珍寶。福城長者請了一位算命先生給孩子算命，算命先生說：「恭喜長者！這嬰兒的福德大，為你帶來了財寶，應該取名善財。」善財生來聰明伶俐，深得長者的喜愛，但唯有一事令長者擔憂，就是善財並不愛財，一心想做一個追求真理的人。

他在求學期間，遊歷到大塔廟，參訪了他景仰的文殊菩薩。文殊菩薩教導他：「你要學習普賢行，最基本的方法，就是參訪善知識。」善財面有難色地說：「聖者！我不知道哪裡有真正的善知識可以參訪，我無能力分辨善惡。」文殊菩薩點頭說：「善財！對於善知識，應該是集中心力在他的德行、特長，去效法他的優點，而不要去評斷、挑剔他的缺失、弱點，這就是參訪的第一要義。」

於是，善財開始參訪佛教真諦的歷程。首先，善財來到南方的勝樂國妙峰山上，參訪德雲比丘。善財接受了德雲

比丘的教誨，感懷在心。接着，他又踏入社會，陸續拜訪了菩薩、比丘、比丘尼、優婆塞、優婆夷、童子、童女、天神、天女、婆羅門、長者、商人、醫師、船師、國王、仙人、佛母、王妃、地神、樹神等各種不同身份的名人名師。這些名人名師，又叫善知識。善財歷盡了千辛萬苦，共遊歷了一百十一個城市，參訪了五十三位善知識，所以稱為著名的「善財五十三參」。在《華嚴經·入法界品》裡，詳細敍述了「善財五十三參」的具體過程。最後，善財在文殊菩薩的引薦下，進一步地得到普賢菩薩的教誨，終於實現了成佛的願望。

在佛教寺院中，觀音菩薩的左右侍立着童男童女各一，童男就是善財童子。這是取材於善財童子歷訪名師的過程中，參謁觀音菩薩而接受教化一事。因此，自古以來，善財童子就是佛子求法的典範。

民間不甚了解善財童子的求取佛教真諦的本意，普遍認為善財童子善於理財，是可以招財進寶的招財童子。供奉他的目的是祈望招財進寶、發財致富，也是可以理解的。

45

兒童護法神鬼子母

鬼子母，二十諸天第十五位，又稱歡喜母或愛子母。鬼子母原為伊朗女妖魔，後傳入印度。鬼子母原為一外道鬼女，以吃小兒為生，後來皈依佛教。關於她皈依佛教的故事，佛經中有許多不同的記載。

據唐義淨譯著《毗舍奈耶雜事》記載，傳說古代王舍城有獨覺佛出世，舉行慶賀會，約五百信徒赴會。已懷孕牧牛女子也歡喜隨行舞蹈，致胎兒流產，而信徒們皆無一施援手。故女子懷恨在心，發下毒誓：我欲來世生王舍城中，盡食人子。

後來果真如願，生王舍城為娑多藥叉長女。後嫁給北方犍陀羅國藥叉半遮羅之子半支迦，成為鬼子母，生有五百個孩子。從此，日日捕捉城中小兒食之。佛祖聞聽趕去勸說無效，遂趁其外出之際，將她最寵愛的小兒子愛機偷偷藏匿在自己吃飯的飯碗裡。鬼子母回家發現丟失愛機，遍尋全宇宙不獲，只好求助佛祖。佛祖勸道，你有五百個孩子，現在少了一個，尚且如此。世人只有一兩個孩子，失去了親愛的骨肉，心中不知有多麼悲傷呢！佛祖勸其將心比心，並以因果報應進行說教，果然勸化鬼子母，令

第四章　吉祥神　　*173*

其頓悟前非，悔過自新，皈依佛教，成為護法諸天之一。元代雜劇《鬼子母揭缽記》即描寫此事。後來，鬼子母成了婦女生育和兒童安全的保護神。

不過，有學者認為鬼子母轉投佛教的故事，也許是當時的佛教徒為使伊朗人從拜火教和萬靈論轉移到佛教而故意編造的。

在中國民間將她當作送子娘娘供奉。在佛寺中，造像為漢族中年婦女，身邊圍繞着一群小孩，手撫或懷抱着一個小孩。據佛經記載，她是一個美麗的天女，身着寶衣，頭戴天冠，腕佩螺釧，耳掛鈴鐺，身邊伴以幼童。笑容可掬，親切溫婉。

北京石景山區法海寺壁畫中的鬼子母像，作貴婦人形象。她右手持寶扇，上繪有大海浮雲、紅日白月。身着大袖圓領袍衣，腳穿雲頭鞋。左手輕撫其愛子畢哩孕迦的頭頂。畢哩孕迦，紅綢束髮，佩戴耳環、項圈，身着紅袍，腰繫玉帶，雙手合十，腳穿白底布鞋。這分明是個神童的形象。

46

赤松子黃大仙

黃大仙原來是我國東南一帶的區域神，後來逐漸走向了海外，成為僑居海外的華夏名神之一。在中國大陸，對黃大仙的禮拜，則走向衰微。在我國香港、澳門，黃大仙受到特殊的禮遇。香港有黃大仙廟，香煙繚繞，香客不絕，黃大仙極得香港百姓的崇拜。

黃大仙是何方神聖？從香港黃大仙廟的有關記載來看，黃大仙的原身有四說。

一說是黃初平。 黃大仙廟前有一個石門坊，石坊正中題有「金華分蹟」四個大字。金華是浙江省金華縣。據說，黃大仙名黃初平，晉朝丹溪人。丹溪在四川綦江縣東南。黃初平後來到金華山修道。金華山在浙江省金華縣之北，是黃初平得道處。金華有赤松觀，是黃大仙的祖廟。金華分蹟，是說香港的黃大仙廟是金華祖廟派生出來的分廟。

據明洪應明著《仙佛奇蹤》記載：「黃初平，晉丹溪人。年十五牧羊，遇道士，引至金華山石室中，四十餘年。其兄初起尋之，不獲。後遇道士，善卜，起問之，曰：『金華山中有一牧羊兒。』初起即往見初平，問：『羊安在？』曰：『在山東。』往視之，但見白石磊磊（纍纍）。初平叱之，石皆

成羊。初起亦棄妻、子學道，後亦成仙。」這是説，黃初平原來是個牧羊倌。後來，被道士指引到了金華山修道，一修就是四十多年。他的哥哥黃初起去尋找他，碰到了一個會算卦的道士，道士告訴他：「金華山中有一個牧羊倌。」黃初起就去找牧羊倌黃初平，見到了弟弟黃初平，就問：「羊都到哪裡去了？」黃初平回答：「在金華山的東邊。」到那裡一看，甚麼也沒有，只見一堆堆石頭。黃初平大喝一聲，奇跡出現了，石頭就都變成了羊群，這證明黃初平已經得道了。哥哥黃初起受到啟發，幡然覺醒，也拋棄了老婆、孩子學道，後來也成了仙。這裡說明，得道後的黃初平可以隨心所欲，居然能夠將石頭變成羊群。這大概是人們崇拜黃大仙的一個原因吧。

二說是赤松子。黃大仙廟廟門的橫匾上寫着「赤松黃仙祠」。大殿內供奉黃大仙像。這是說，他們供奉的黃大仙是神仙赤松子。黃大仙的別號是赤松子。《仙佛奇蹤》記載：「赤松子，神農時雨師。煉神服氣，能入水不濡，入火不焚。至崑崙山，常至西王母石室中。隨風雨上下，炎帝少女追之，亦得仙，俱去。高辛時為雨師，閒遊人間。」這是說，赤松子原是神農時人。黃初平和赤松子，不是同一個時代的人。但是，在神功上，他們是相似的。所以，黃大仙所指的赤松子，應該是這個神農時的赤松子。

三說是黃野人。《仙佛奇蹤》記載：「黃野人，葛洪弟子。洪棲山煉丹，野人常隨之。洪既仙去，留丹於羅浮山柱

石之間。野人得一粒服之，為地行仙。後有人遊羅浮宿石岩間，中夜見一人，無衣而紺毛覆體，意必仙也，乃再拜問道。其人了不顧，但長笑數聲，聲振林木，木復歌曰：『雲來萬嶺動，雲去天一色。長笑兩三聲，空山秋明白。』其人歸道，其形容即野人也。」這是說，黃野人道行不淺，可以讓樹木作詩唱歌。有人認為，黃大仙是這位黃野人。

四說是黃石公。《歷代神仙通鑒》說：「（黃）初平歸淮陰黃石山，改名黃石公。」就是說，黃初平又叫黃石公。黃石公是個歷史傳說人物，後被道教尊為神仙。黃石公，又叫圯上老人。姓名不詳，下邳（江蘇省邳縣）人。相傳曾將《太公兵法》傳給了漢初名相張良。一天，張良到下邳橋上散步，偶遇一位穿着普通的老人。老人故意將所穿鞋子丟落橋下，讓張良去拾取。張良去取了。如此者三，張良都照辦了。老人認為：「孺子可教也。」就傳授張良《太公兵法》。老人對張良說：「閱讀了這部書，就可以做皇帝的老師了。後十年你會發跡。十三年後，你會在濟北遇到我，穀城山下有塊黃石就是我。」於是老人離去了，沒有說別的話，從此老人就再沒有出現。第二天，張良仔細翻看這本書，原來是《太公兵法》。張良很驚異，經常學習它、背誦它。熟讀兵法的張良，協助劉邦奪得天下。十三年後，張良隨漢高祖劉邦路經濟北，果然見穀城山下有一塊黃石。張良便帶上黃石，朝夕供奉，從不間斷。後世就稱圯下老人為黃石公。

黃大仙的身上有着黃初平、赤松子、黃野人和黃石公

四位神仙的影子。黃大仙的法力應該是四位神仙之和。因此，黃大仙的法力就格外的大。黃大仙的崇拜者在心理上都相應地得到他的庇護。禮拜黃大仙，求福、求子、求財、求藥，不一而足。香港、澳門地區的人們推崇黃大仙，就不足為怪了。

47

懲惡揚善濟公

被神化了的濟公，在歷史上實有其人。

濟公（1130—1209）是南宋僧人，原名李心遠、李修緣，台州（今浙江臨海）人，出家後法名道濟。李心遠在杭州靈隱寺出家，後移淨慈寺。據說，他不守戒律，嗜好酒肉，特別是狗肉蘸大蒜。舉止如癡如狂，被稱為「濟癲僧」。靈隱寺對面的飛來峰的洞穴中，至今還留有濟公床、濟公桌。相傳濟公經常在這裡偷偷地燒狗肉吃。

李心遠後來被神化，認為是降龍羅漢轉世，被尊稱為「濟公」。可惜，他去羅漢堂報到晚了，只能站在過道裡或蹲在房樑上。四川新都寶光寺和蘇州西園戒幢律寺羅漢堂裡的濟公像，富有創意，十分傳神。濟公身着破僧衣，手拿破扇子，是典型的濟公形象。他的面相也很特別；從左面看，笑容滿面，叫做「春風滿面」；從右面看，滿臉愁容，叫做「愁眉苦臉」；從正面看，半邊臉哭，半邊臉笑，所謂「哭笑不得」「半嗔半喜」「啼笑皆非」。

濟公一生懲惡揚善，扶貧濟困，懲治貪官污吏，是老百姓心目中的大善人。他被當作路見不平拔刀相助的傳奇人物，成了人們心中企盼的具有喜劇色彩的英雄形象。

周恩來評價濟公道：「人民很喜歡濟公。他關心人，為不公平的事打抱不平。在民間流傳着許多關於濟公的美麗傳説。」

48

喜慶歡樂神八仙

八仙是道教尊崇的八位神仙，後來演變成了民間尊崇的喜慶歡樂神。八仙的稱謂，原來並沒有固定下來。直到明代作家吳元泰撰寫的神魔小說《上洞八仙傳》（又名《八仙出處東遊記》）問世並流行以後，八仙的稱謂才固定下來。他們是：李鐵拐、鍾離權、呂洞賓、張果老、藍采和、何仙姑、韓湘子、曹國舅。他們先後得道，位列仙班。他們的故事個個生動精彩，膾炙人口。其中，最著名的要數八仙過海了。

八仙赴王母娘娘蟠桃大會，喝得酩酊大醉。辭謝王母娘娘後，趁着酒興，各履寶物浮渡東海。東海龍王之子摩揭，看中了藍采和渡海的大拍板，頓起貪心，搶奪大拍板，擄獲藍采和。這引起其他七仙的不滿，從而展開一場大戰。最後八仙將摩揭殺死，火燒東海。東海龍王向玉皇大帝告狀，玉皇大帝不分青紅皂白，下令派天兵捉拿八仙。八仙據理力爭，並同天兵開戰。天兵亦被八仙打敗。後來，觀音菩薩、如來佛祖和太上老君從中斡旋和解，遂各自罷兵而歸。八仙過海的故事，表現了八仙不畏強權的英勇鬥志和相互支援的團結精神。

八仙過海，各顯神通。小說對八仙過海的描寫極富想

像力。小說寫道，卻說八仙來至東海，停雲觀望。只見潮頭洶湧，巨浪驚人。洞賓言曰：「今日乘雲而過，不見各家本事。試以一物投之水面，各顯神通而過如何？」眾曰：「可。」鐵拐即以鐵拐投水中，自立其上，乘風逐浪而渡。鍾離以拂塵投水中而渡，果老以紙驢投水中而渡，洞賓以簫管投水中而渡，湘子以花籃投水中而渡，仙姑以竹罩投水中而渡，采和以拍板投水中而渡，國舅以玉版投水中而渡。八仙過海，各自擁有自己的渡海神器。

為祭祀八仙，全國建過很多八仙宮，其中最著名的在西安。西安八仙宮，又稱八仙庵，在西安市東關長樂坊。初建於宋朝，是西安最大的道教廟觀。1900 年，為逃避八國聯軍的侵犯，慈禧太后從北京逃到西安，曾經駐蹕八仙宮。後來，慈禧太后捐助一千兩白銀，增建修繕八仙宮，並敕封此廟為「西安東關清門萬壽八仙宮」。

49

八仙之首李鐵拐

李鐵拐，本名李玄，又稱鐵拐李、李凝陽、鐵拐先生等，為八仙之首，在中國民間很有影響，口碑甚好。歷史上並無其人，他的形象完全由民間創造。所謂鐵拐實際上是他的法器—鐵拐杖。

關於李鐵拐修真成道的傳說，民間有多個版本。明朝作家吳元泰的神魔小說《上洞八仙傳》對此做了藝術的描寫，流佈很廣。李鐵拐原來質非凡骨，學有根底，狀貌魁梧，心神宣朗。他年方弱冠，就識破玄機，看破紅塵，一心修道。於是，他告別親友，進入深山，穴居洞中，拔茅為席，服氣煉形。數載過後，他聽說太上老君李耳是宗姓之仙祖，在華山論道，就決心到華山去拜見太上老君，求師修道。

太上老君和另一位神仙宛邱，在華山修真論道。一日，太上老君對宛邱說：「我觀看仙錄，李鐵拐想成道，今天要來問道。」於是派兩個小童到山下去迎接。李鐵拐見到小童，知道太上老君派人接他，心中高興。他先見老君，次見宛邱，感到終於見了天上神人，非常激動。同時，又聽到了二仙的高論，心花頓開，塵情冰釋。

不久，李鐵拐懷着得道的興奮心情，回到了岩穴深林，繼續修煉。一日，太上老君、宛邱駕鶴而來，邀請他十日後同遊西域諸國，李鐵拐爽快地答應了。十日後，臨赴約之前，李鐵拐對徒弟楊子説：「我要出神了，赴太上老君之約去華山。我的魂已走，留魄在此。如果遊魂七日不返，就可以將我的魄焚化。如果未滿七日，就要好好地守住我的魄。記住，千萬不要違背我的話。」説完，李鐵拐就靜坐遊魂而去。

　　卻説楊子受命守屍，加以防護，日夜不敢懈怠。等到第六天，忽然看到家人跑來，不知何故。家人急忙説道：「你的母親病危，只想見你一面，叫你趕快回去。」楊子大哭説道：「母病危急，師魂未返，如果我去了，誰來看守屍體呢？」家人誠懇勸道：「人死已經不能復生。況且已經死了六天，內臟必定腐朽，不能復活了。母親病危，送死不及，終天之恨。」楊子知道事情急迫，不得已焚燒了師父的屍體，灑淚看望母親去了。

　　卻説李鐵拐魂出華山，隨太上老君西遊諸國，多得太上老君之道。在歸來之前，太上老君看着李鐵拐，笑而不語，似有隱情。臨行前，送給李玄一偈：「辟穀不辟麥，車輕路亦熟。欲得舊形骸，正逢新面目。」李鐵拐不知何意。他歸期，正好七天。來到茅齋尋找自己的魄，但見毛髮無存。轉身看到一堆燒完的灰燼，悟到自己的屍體已經被焚毀了。李鐵拐的遊魂無所依傍，日夜憑空號叫。忽然看到遠處有

一具餓莩的屍體，倒在山邊。猛然想起太上老君的臨別贈
言：「欲得舊形骸，正逢新面目。」恍然大悟，這就是我的
新面目了。於是，就附餓莩之屍而起。這個餓莩，蓬首垢
面，坦腹跛足，樣子醜陋卻可愛。李鐵拐爬起身來，向手上
的竹杖噴了一口水，竹杖立刻變成鐵質的了。李鐵拐手提
鐵杖，肩背葫蘆，一瘸一拐地向前走去。在民間，李鐵拐十
分有名，是因為他的葫蘆裡裝着仙丹，可以免費救死扶傷。

李鐵拐像

50

正陽祖師鍾離權

鍾離權，鍾離是姓，名權。民間多稱其為漢鍾離，那是因為他本人是東漢大將。鍾離權的號有三，即和谷子、正陽子、雲房先生。他是道教全真道的正陽祖師，法器是手中的拂塵。和李鐵拐一樣，鍾離權亦是道教杜撰的神仙。杜撰一個人的生平，往往要從其父母開始。鍾離權的父親是誰呢？

傳說，鍾離權的父親鍾離章，當初因征討北胡有功，被封為燕台侯。鍾離權誕生那一天，來了一位長者，自道是上古黃神氏，要託生於此。說罷就大踏步走進臥房，頓時見有異光數丈，如烈火騰焰，侍衛皆驚。這一天是農曆四月十五。據說鍾離權生下來後，六天六夜不聲不哭不食。到了第七天突然躍起，說道：「身遊紫府，名書玉清。」表明了自己的道家身份。

長大成人後，鍾離權入仕為漢朝大將。一次奉詔北徵吐蕃，出師不利，大兵一到，就被羌人趁夜劫營，全軍潰散。鍾離權獨自騎馬落荒而逃。行至一處山谷，迷失了道路，步入一片深林。這時遇到一位胡僧，鍾離權上前問路，那胡僧蓬頭拂額，身掛草衣，帶他走出幾里地，有一處村莊

出現在眼前。胡僧對鍾離權説：「這是東華先生成道之處，將軍可以就此歇息歇息了。」説罷作揖離去。然而鍾離權不敢近前驚動莊中之人，只得待在原處，一動不動。過了許久，只聽有人在説話：「這肯定是碧眼胡人饒舌了。」話音落處，只見一老者身披白鹿裘，手扶青藜杖，聲音高亢。老人問道：「來者不是漢大將軍鍾離權嗎？你為何不寄宿到山僧之所？」鍾離權聽罷大驚，心知這老者肯定是異人了。

這個時候，鍾離權剛剛脫離虎狼之穴，又遭驚鶴之思，於是決定回心向道，就向老者祈求度世良方。老者遂將《長生真訣》《金丹火候》《青龍劍法》傳授於他。鍾離權得到這些真傳後，再回頭一看，原來的村莊都不見了。似乎這些村莊都是為他而設置的，鍾離權大為驚詫，幡然警覺。

從此，鍾離權入華山修煉。後來，他遊泰山又遇華陽真人。相傳華陽真人又傳授給他《太乙刀圭》《火符內丹》等，因此又號正陽子。再後又入崆峒，謁見太上老君。太上老君賜號為雲房先生。

相傳，鍾離權丫髻坦腹，手揮拂塵，赤面偉體，龍睛虬髯。元朝時，被全真道奉為正陽祖師，為全真道北五祖第二位。全真道北五祖依次為：王玄甫（鍾離權師父）、鍾離權、呂洞賓、劉海蟾、王重陽。

51

騎白紙驢張果老

與李鐵拐和鍾離權不同，張果老是歷史上實實在在存在過的人物。他是唐代道士，本名張果。相傳他有長壽秘術，齒髮衰朽而不死，並自言有數百歲，因而俗稱張果老。張果老的法器是他坐下的那頭白驢，此白驢可以化作一張白紙，即稱紙驢。

張果老有長生不老之術，隱居在恆州（今山西省大同縣東）中條山。為聆聽宛邱、李鐵拐諸仙論道說法，常常倒着騎驢，往來於汾水晉水之間。見過他的老人們說：「我小時候見到他，他就說已經好幾百歲了。」他清心寡慾，無心仕途。唐太宗、唐高宗多次徵召不應。武則天登基後，又召之出山，他便佯裝死於妒女廟前。當時正值盛夏炎熱之際，須臾間，屍體就腐爛生蟲。武則天聽說後，也真的相信他死了。後來人們在恆州山中又見到了他，仍然倒騎白驢，日行數萬里。休息時則將所騎驢摺疊起來，看上去像一張薄紙，然後將其放到巾箱之中。起行時用水一噴，又變成驢，可以騎乘。

唐玄宗開元二十三年（725），李隆基派通事舍人裴晤，馳車到恆州去迎張果老。張果老面對裴晤，知其來意，突然氣絕

而死。裴晤焚香啟請，説明天子求道之意。一會兒，張果老漸漸蘇醒，裴晤不敢再次催請，便馳車還朝，奏知唐玄宗。李隆基就又派中書舍人徐喻、通事舍人盧重玄，持璽書迎接張果老。張果老感其誠意，這才隨徐喻等來到東都（今河南省洛陽市）。李隆基命用大轎請他入宮，並百倍禮敬。公卿亦紛紛前來拜謁。李隆基詢問有關神仙的事情，張果老不予回答，只是屏住呼吸，好幾天不進食，搞得李隆基也沒有辦法。

一天，李隆基對張果老説：「先生是得道之人，怎麼還這般的齒髮衰頹呢？」張果老説：「衰朽之身，無道術可憑，所以才至於此。」説罷，便在御前拔去鬢髮，擊落牙齒，血流滿口。李隆基大驚，對他説：「先生且歇息一下，稍後再談。」過了一會兒，李隆基出來召見他時，只見他青鬢皓齒，勝過壯年。朝中公卿有人問他方外之事，張果老全都詭言答對。嘗説：「我是堯時丙子年人。」使人莫測。

李隆基要留他住在內殿，並賜酒給他，張果老推辭説：「山臣酒量不過三升，我有一弟子，能飲一斗。」李隆基聽了大喜，便讓張果老召他前來。當即有一小道士從殿檐飛下，年齡約有十五六歲，姿容俊美，步趨嫺雅。謁見李隆基，言辭清爽，禮貌備至。李隆基很喜歡這個小道士，命他落坐，張果老説：「弟子應當一旁侍立，不該落坐。」李隆基越看越喜歡，便賜酒給他，飲到一斗，尚不推辭。張果老忙代辭道：「不能再賜酒給他了，過量必有所失。叫他來侍酒，不過要博龍顏一笑罷了。」李隆基不聽，又逼小道士喝。可是酒忽然

從小道士的頭頂湧出，冠帶落地，化為一榼（古代盛酒的器具）。李隆基及眾嬪全都驚呆了，再仔細一看，小道士已不見了，只有一隻金榼翻倒在地。原來此榼僅盛酒一斗，察驗一番，卻是集賢院的金榼。

　　張果老道術深奧。能指鳥鳥落，指花花落，指鎖門開，再指便還原本來面目。能搬移宮殿於他處，還能搬回原處。張果老入水不沉，入火有蓮花托之而出。有一位善於夜視的氣功師，李隆基命他夜視張果老，結果氣功師看不到。李隆基屢試張果老的仙術，不可窮述。於是便封他為銀青光祿大夫，賜號通元先生。後來，張果老多次以老為由，乞求皇上敕歸恆州。李隆基便詔令車馬相送。天寶初年，李隆基又遣人徵召，張果老聞聽後，忽然死了。弟子埋葬了他。後來打開棺木，只剩下一口空棺。

　　張果老就是這樣一位神仙。

52

豆腐西施何仙姑

呂洞賓的女弟子，八仙中唯一的女神仙。何仙姑原籍何地？傳說有二，一說是廣東增城縣，一說湖南永州（零陵）。明王圻著《續文獻通考》說：「何仙姑，廣東增城人，何泰之女。」傳說生於唐武周長壽三年（694），是廣東省增城縣何泰的女兒。據說何泰是做豆腐的，何仙姑幫忙賣過豆腐，綽號「豆腐西施」。她出生時就有異相，頭頂六根毫髮。她的法器是一個竹罩。

唐武則天時（684—705 年），何仙姑住在雲母溪，年十四五歲時，夢見一個神仙說：「常吃雲母粉，能輕身不死。」清晨醒來，她想：「神仙說的話，是不是在欺騙我呀？」於是，她抱着試一試的心態，吃了雲母粉，不料，果然身子輕了。到了結婚的年齡了，她的母親想給她物色一個女婿。何仙姑立誓不嫁，母親也不好勉強。一日，於溪水邊，何仙姑巧遇神仙鐵拐李、藍采和。他們二人授給她神仙秘訣。後來，何仙姑常往來於山谷間，身輕如燕，其行如飛，每日早去晚回。回來時，孝順的她都帶些當地的山果給母親吃。母親問從哪裡拿回來的山果，她只是說去了名山仙境，與女仙談真論道去了。後來逐漸長大，說話論事十分異常。

有一次，當地一小官得到天書一紙，不明就裡，便請何仙姑看看。何仙姑拿來一看，見上面寫的是：「此人受賄十兩金子，折壽五年。」

　　武則天聽說何仙姑的事非常感興趣，便派使臣徵召她入宮。在應召赴京的路上，她中途不見了，沒有人知道她的去向。據說那個向她傳道的道人就是呂洞賓。

　　何仙姑的家鄉廣東省增城縣小樓鎮有一座何仙姑廟，至今香火不斷。廟門有一副對聯：「千年履跡遺丹井，百代衣冠拜古祠。」相傳何仙姑最後是從家門口的水井中去「問仙」的。當時，只穿了一隻繡鞋，另一隻留在了井台上。農曆三月初七是何仙姑誕辰日，屆時當地要唱大戲，來賓們要喝此水井中的「仙湯」。

長板高歌藍采和

藍采和是個來歷不明的神仙。南唐沈汾著《續仙傳》說：「藍采和，不知何許人也。」雖然南唐時期的人對他的來歷一無所知，但民間傳說依然不少。

傳說其是五代時人。一說是赤腳大仙降生。藍采和經常身穿破舊藍衫，腰繫三寸多寬的六扣黑木腰帶，一隻腳穿着靴子，另一隻腳光着走路。夏天時，在衣衫內添上棉絮；冬天卻常臥在雪地裡，耳口鼻像蒸籠一樣冒着熱氣。他的法器是手中三尺多長的大拍板。如今，藍采和的形象多為手提花籃的少年。

過去的藍采和形如乞丐。人們常見他在城裡街市上行乞，手持三尺多長的大拍板，時常醉酒踏歌，老老少少都在他身後看熱鬧。藍采和出語機敏，應答自如，令人笑得前仰後合。他經常似狂非狂地歌道：「踏歌藍采和，世界能幾何。紅顏一春樹，流年一擲梭。古人混混去不迫，今人紛紛來更多。朝騎鸞鳳到碧落，暮見蒼田生白波。長景明輝在空際，金銀宮闕高嵯峨。」他所唱的歌詞極多，並且率直真切，隨口而出，皆有神仙意，卻又神秘莫測。等有人拿出錢來給他，他就用長繩穿起來，拖在地上行走。那些

錢有的給了窮人，有的給了酒家，有的散落掉了，他也從不回頭看一下。藍采和就這樣周遊天下。那些小時候就見過他的人，老了的時候見到他，都說他樣子依然如故，穿戴依然如舊。

有一次，藍采和在酒樓上醉倒，忽聽到有雲鶴笙簫聲當空傳來，他忽然丟下靴衫，腰帶拍板，乘上白鶴，冉冉飛去。人們這才看到他的衣服，原來是玉片做的，旋即那些靴衫等物也不見了。

後人有詩題藍采和道：「長板高歌本不狂，爾曹白為百錢忙。幾時逢着藍採老，同向春風舞一場。」

純陽祖師呂洞賓

呂洞賓，歷史上實有其人。他名呂喦，或呂岩、呂嵒。號純陽子，自稱回道人。京川（陝西西安一帶）人，一說河中府（山西）永樂縣人。祖父呂渭，任禮部侍郎；父親呂讓，任海州刺史。唐德宗貞元十四年（798）四月十四日巳時（9-11時）生。呂洞賓是八仙之一，而且是能量最大的一個，位列全真道北五祖第三。他的法器是一支簫管。據明朝作家洪應明著《仙佛奇蹤》和明朝作家鄭志謨著《飛劍記》兩書的記載，呂洞賓的一生完全被神化了。

傳說呂洞賓降生之時，異香滿室，天樂並奏。有一隻白鶴從天而降，飛入帳中不見，呂洞賓降生。他生來身材雄偉，金形玉質，道骨仙風，鶴頂猿背，虎體龍腮；鳳眼朝天，雙眉入鬢，頸修鸛露，額闊身圓，鼻梁聳直，面色白黃；左眉角有一黑痣，如鋤頭大小；足下紋如龜。他自幼聰明，日記萬言，出口成章。成人後，身長八尺二寸。淡黃笑臉，微麻、三髭鬚。穿黃襴衫，戴華陽巾，繫八皂絛。形貌很像張良張子房。二十歲時還沒有成家。

唐武宗會昌（841—847年）年間，呂洞賓前往長安赴試。考了兩次，都沒有考中進士。一天，他在長安酒肆閒

遊，只見一青巾白袍羽士，在一處牆壁上寫下了三首絕句。其一曰：「坐臥常攜酒一壺，不教雙眼識皇都。乾坤許久無名姓，疏散人間一丈夫。」其二曰：「得道真仙不易逢，幾時歸去願相從。自言住處連東海，別是蓬萊第一峰。」其三曰：「莫厭追歡笑話頻，尋思離亂可傷神。閒來屈指從頭數，待到清平有幾人。」呂洞賓驚歎這人狀貌奇古，詩意飄逸，便上前行禮，問其姓氏。羽士道：「你可先吟一絕，我想看看你的志向。」呂洞賓便接過筆來寫道：「生在儒林遇太平，懸縷垂帶布衣輕。誰能世上爭名利，臣事玉皇歸上清。」羽士見詩後，說：「詩能言志，你的志向很超卓呀！我是鍾離子，住在終南鶴嶺，你能與我從遊嗎？」鍾離子就是八仙之一的鍾離權。但是，呂洞賓沒有立刻答應。

鍾離權和他一同在這家鋪子住下。鍾離權親自為他燒飯，呂洞賓卻忽然就枕昏睡。夢見自己中了狀元，做了高官，並兩娶富家女兒，生子婚嫁之後，子孫滿室，簪笏滿門。如此過了將近四十年，接着又做了丞相，專權十年，權勢熏炙。然而無意中犯下重罪，抄盡家資，妻離子散，流落於荒嶺野谷中，孑然一身，窮苦憔悴。立馬於風雪之中，剛發長歎，恍然間醒來，鍋中之米尚未煮熟。鍾離權一旁笑吟道：「黃粱猶未熟，一夢到華胥。」呂洞賓驚問：「先生知道我的夢境嗎？」鍾離權說：「你剛才的夢，升沉萬態，榮辱千端。五十年間不過一瞬罷了。得到不足喜，喪失又何足悲？世人要經過所謂大徹大悟，才能明白人世不過一場大夢罷了。」

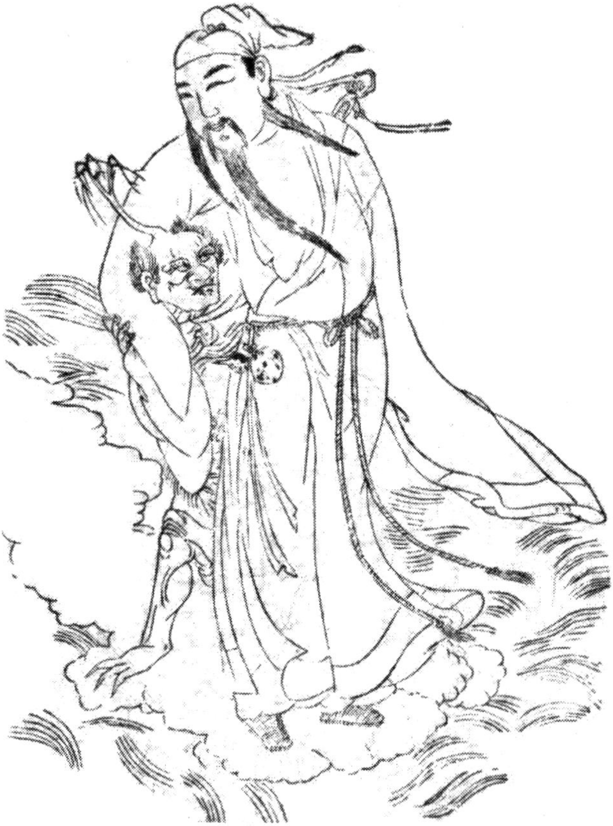

呂洞賓像，《仙佛奇蹤》，明洪應明撰，明萬曆三十年，一六〇二年

呂洞賓感悟，於是便拜鍾離權為師，求教度世之術。鍾離權考驗他說：「你骨節尚未完善，要想求仙度世，還必須歷經數世才行。」說罷翩然而去，呂洞賓當即棄儒歸隱。

　　歸隱後的呂洞賓，曾遭遇鍾離權的十次測試。第一試：一次呂洞賓出外遠遊回來，忽見家人全都病死。呂洞賓心無悔恨，只是厚備棺槨入葬。然而須臾之際，死者卻全都活過來，無病無恙。第二試：呂洞賓到市上賣貨，本來已議定了價錢，買的人卻突然翻臉，只給一半的錢。呂洞賓不加任何爭執，丟下貨物走開了。第三試：呂洞賓元日出家門，碰見一個乞丐倚門求他施捨，呂洞賓當即拿錢物給他。不想那乞丐不但索要沒完，還惡言惡語，呂洞賓卻只有再三地笑謝。第四試：呂洞賓在山中放羊，見一餓虎奔來，追趕羊群。呂洞賓把羊阻攔在山坡下面，自己以身相擋，餓虎卻走開了。第五試：呂洞賓在山上草舍內讀書，有一女子年齡在十七八歲的樣子，容華絕世，光豔照人。自說歸省娘家，迷了路，天已將晚，腳下無力，想藉此稍加休息，呂洞賓答應了。可那女子竟百般挑逗呂洞賓，夜晚竟逼呂洞賓與她同寢。呂洞賓不為所動。這樣一連三日，那女子方才離去。第六試：呂洞賓一日到郊外去，待回到家時，家裡財物全都被盜賊劫去，幾乎沒有朝夕之用。呂洞賓毫無怒色，親自耕種自給。一日，忽然見到鋤下有數十片金子，呂洞賓立即把它們掩埋起來，一無所取。第七試：呂洞賓碰到一個賣銅的人，買回來一看，全都是金子。他就當即找到賣銅的人，

把金子還給了他。第八試：有一瘋狂道士在市場上賣藥，說是人服下去立即就死，可以再轉世得道。十天過去了，不曾售出。呂洞賓前去買下，那道士說：「你可以速備後事了。」然而呂洞賓服下後卻安然無恙。第九試：呂洞賓與眾人一道過河，走到中間時，風濤掀湧，眾人全都十分恐懼，呂洞賓卻端坐不動。第十試：呂洞賓獨坐一室中，忽見眼前出現無數奇形怪狀的鬼魅，有的要打他，有的要殺他，呂洞賓毫不畏懼。又見有數十個夜叉，押來一個死囚，死囚血肉淋漓，號泣說道：「你前世殺我，今天應償還我命。」呂洞賓道：「殺人償命是應該的。」說着起身尋刀，就要自盡償還其性命，忽然聽到空中一聲吆喝，鬼神全都不見了。有一人撫掌大笑而下，原來是鍾離權。鍾離權道：「我考驗你十次，你都不曾動心。如此可見，你肯定會成仙得道的。」

於是，呂洞賓隨他一同來到鶴嶺。鍾離權將所有《上真秘訣》，全都傳授給呂洞賓。不久清溪鄭思遠、太華施真人，從東南凌雲而來，相互問候之後，一起落座。施真人問：「站在一旁的是甚麼人啊？」鍾離權道：「是呂海州之子。」說罷便命呂洞賓上前拜見二仙。二仙去後，鍾離權對呂洞賓說：「我就要去朝見天帝，到時會表奏你的功德，使你也得入仙籍。你也不要久住於此，十年之後，我與你在洞庭湖相見。」說着又把《靈寶畢法》及靈丹數粒授給洞賓。這時，有二仙手捧金簡寶符，對鍾離子說：「天帝下詔，派你為九天金闕選仙，要你馬上起行。」鍾離權又對呂洞賓說：「我

應詔朝見天帝。你在人間好自為之，修功立德，他時也會和我一樣。」呂洞賓再拜說：「我的志向不同於先生。我一定要盡天下眾生，才願上升。」於是鍾離權乘雲，冉冉而去。

呂洞賓南遊到澧水之上，登廬山鐘樓時，與祝融君相遇。祝融君便傳授給他天遁劍法，說：「我是大龍真君，過去曾持此劍斬殺邪魔，現贈給您斬斷煩惱。」後來，呂洞賓初遊江淮，斬殺巨蛟獸，一試靈劍。

十年後到洞庭湖，登上岳陽樓，鍾離權忽然從天而降，說：「我來實踐前約，天帝命你的眷屬，全都居於荊山洞府，你的名字已註入玉清籍中。」傳說，呂洞賓此後隱顯變化四百餘年，常遊於湘潭岳鄂及兩浙江淮間。宋徽宗政和（1111—1118 年在位）年間，封為妙道真人。明朝又封他為純陽帝君，繼為純陽祖師，故又號稱「呂祖」。

呂洞賓雖位列八仙第六，但在民間的聲望卻遠遠高於其他七位仙人。中國各地有很多呂祖廟、呂祖祠，道觀內也常見呂祖殿、呂祖閣，這樣的待遇其他七位仙人也是望塵莫及的。

韓湘子提花籃

韓湘子在歷史上確有其人，他是唐代著名思想家、文學家韓愈的侄孫。據《唐書・宰相世系表》，韓愈有個侄子叫韓老成，韓老成有個兒子叫韓湘，字清夫。請注意，如今我們日常所見的韓湘子形象多為吹笛美少年，笛子也就成了他的法器，但這與古書所寫迥然不同。據《上洞八仙傳》和《仙佛奇蹤》的記載，韓湘子是個成年人形象的神仙，他的法器是一個花籃。

韓湘子生來就有仙骨，性格落拓不羈。厭煩華麗濃豔，喜歡恬淡清幽。韓愈多次鼓勵他攻讀儒家之學，但是，韓湘子表示不能接受，公開地說：「對不起，侄孫韓湘子所喜歡的學問，同您喜歡的學問完全不同。」韓愈聽了，很是生氣，申斥了他。

一天，韓湘子出外訪道尋師，偶遇鍾離權和呂洞賓，於是，就毅然棄家，跟他們遊道去了。後來，走到一個果樹林，見到仙桃紅熟，飢渴難耐，韓湘子就爬上樹去摘桃。不料，樹枝突然折斷，韓湘子落地致死，屍體隨後就分解了。這時，韓湘子的魂解脫了，冉冉升天。韓湘子謁見了天帝，天帝授他為「開元演法大闡教化普濟仙卿」。而後他又遊了蓬萊等仙境。後來，天帝便召他去，命他下界超度韓愈。

韓湘子度妻圖中，在天上的韓湘子手提肩扛的法器就是一個花籃

韓湘子受命超度韓愈。但考慮到韓愈為人正派，篤信儒學，一般不會相信韓湘子的遊說。為此，韓湘子策劃以謀術打動他。元和年間（806—820年），唐憲宗正旦朝賀，留韓愈等宴飲。皇上問道：「今年年成豐歉怎樣？」韓愈對道：「今年歉收。」皇上說：「你怎麼知道？」韓愈說：「去冬無雪，所以知道今年歉收。」憲宗聽了，當即下旨，限韓愈三日內，到南壇祈禱致雪，久禱不得，就罷他的官。韓愈大為惶懼。

韓湘子知道後卻大喜，他心生一計，便掛出「出賣風雲雨雪」的招牌。市民都很驚訝，報給韓愈，韓愈便將他召去。當時韓湘子已經改變容貌，韓愈認不出他。韓愈詰問韓湘子說：「皇上因憂年歉，想預先禱雪以求豐收。你是何人，敢出此狂言？」韓湘子敲着掌中葫蘆笑道：「人當然無以為之，我身中先天坎離太極混合，乾坤尚可顛倒，後天雨雪招之何難？」韓愈說：「那麼你祈雪來，我倒要看看。」韓湘子說：「好。」於是，要酒來喝得大醉，而後登壇作法。半日，濃雲漫野，寒氣侵骨，天光一合，大雪立降，有一尺多深。朝中諸公都大以為異，韓愈卻道：「人君至誠，人臣至專所致，豈是憑一道士之力的嗎？」眾人都不服其論。韓愈不相信這是韓湘子的法力，問道：「這場雪，是我祈禱的呢，還是你祈禱的？」韓湘子答道：「我祈禱的。」韓愈問：「怎麼證明呢？」韓湘子說：「平地雪厚三尺三寸。」韓愈派人去丈量，確實如此。韓愈此時才略微相信韓湘子有

些異術。

不久，韓愈官拜刑部侍郎。宴賀時，韓湘子又去拜謁。韓愈一開始還善待他，當韓湘子言語中有勸韓愈急流勇退之意後，韓愈勃然大怒並斥責了他。並且為難他說：「你能盡以一杯之酒，致使在座諸公皆醉嗎？」韓湘子說：「這太容易不過了，你隨我來看。」說着他便取來所佩帶的葫蘆。葫蘆粗不過一寸，高有一寸多點，裝半杯酒即滿。而後，他遍席敬酒。總共三十人，各計三十巡，葫蘆永遠沒有斷流過。眾人全都驚駭。韓愈卻說：「這是民間漏雨法罷了。」韓愈又故意難為他說：「能夠召來仙鶴嗎？」韓湘子立即召下仙鶴來。仙鶴至而起舞，轉眼又化為羊，並口出歌賦，其中不過是勸說韓愈修省引退。韓愈皆以為幻術。韓湘子不由得大聲說道：「您想成為天子嗎？貴極人臣，尚不知避禍而早退。一旦遭貶，風塵千里，凍餒而死。老婆孩子的榮祿還能復得嗎？」韓愈大怒，叱喝他出去。

一天，韓愈壽誕，設席大宴。韓湘子突然回來，為叔祖祝壽。韓愈想要難為韓湘子，就問道：「你能叫酒罈生出酒來，能使土堆開出花來嗎？」這是一個很大的難題，但難不倒韓湘子。韓湘子把酒罈移到桌前，用金盆蓋住酒罈，一會兒打開，罈內果然生出美酒；又把黑土聚成一堆，不多時，土堆上就開出一朵豔麗的花，好像牡丹。花朵上又擁出兩行金字對聯：「雲橫秦嶺家何在？雪擁藍關馬不前。」韓愈讀罷此聯，沉吟良久，不解其意。韓湘子說道：

「以後會得到驗證，天機不可預先泄露。」

　　不久，唐憲宗素性好佛，想把佛骨迎入皇宮。韓愈認為不吉利，上表勸諫，觸怒唐憲宗。唐憲宗下令，將韓愈貶謫潮州，限日起行。韓愈別家，向潮州進發。行不數日，下起雪來。行至一處，雪深數尺，馬不能進，退亦無路。韓愈凍餒難禁，愁苦無訴。恰在此時，韓湘子來了。韓湘子對韓愈說道：「叔祖，還記得在花朵旁邊說過的話嗎？」韓愈問道：「這是甚麼地方？」韓湘子答道：「這是藍關。」韓愈想到那副對聯，望天長歎道：「沒想到，事情發展到這個地步。」又說道：「我為你補足先前那副對聯吧！」於是，賦詩一首：「一封朝奏九重天，夕貶朝陽路八千。本為聖朝除弊政，敢將衰朽惜殘年。雲橫秦嶺家何在？雪擁藍關馬不前。知汝遠來應有意，好收吾骨瘴江邊。」這就是著名的《左遷至藍關示侄孫湘》一詩。

　　韓愈這才相信韓湘子的話是可信的。第二天，臨別前，韓湘子拿出一瓢藥送給韓愈，說道：「你服一粒，可以抵禦寒冷。」韓愈很受感動。韓湘子說：「叔祖不久就會西歸，不但沒事，還會得到重用。」接着，韓湘子飄然而去。

　　韓愈後來確實又被召回京城。

56

曹景休曹國舅

歷史上是否確有曹國舅其人，尚無法確定。他的法器是一塊玉版。

據說，曹國舅是宋仁宗曹皇后的長弟，名曹景休。曹國舅的弟弟叫曹景植，依仗自己是皇帝的宗親，奪取民田，霸佔民女，諸多不法，遭到百姓的痛恨。

曹景休多方教育他，但不能阻止他作惡；極力懲辦他，反而遭到他的記恨。曹國舅悲傷地說道：「天下的道理，積善者昌，積惡者亡。這是千古不變的真理。現在，我的弟弟作惡多端，雖然可以明逃典刑，但不能暗逃天網。如果一旦禍起，家破人亡。」

看破紅塵的他，盡散家財，周濟窮人。後來，辭家別友，隻身道服，隱跡山林，修心煉性。數載之間，心與道合，形隨神化。明洪應明著《仙佛奇蹤》記載：「曹國舅，宋太后弟也。因其弟每不法殺人，深以為恥，遂隱跡山岩，精思玄理，野服葛巾，經旬不食。」

忽然一天，鍾離權和呂洞賓遊仙到此，見到了修道的曹國舅，很是驚訝，不禁問道：「閒居為甚麼修煉？」曹國舅答道：「其他無所作為，想要修煉道教。」二仙追問：「道

在哪裡？」曹國舅以手指天。二仙又問：「天在哪裡？」曹國舅又指心。鍾離權笑道：「心就是天，天就是道，你已經能夠識破本來面目了。」於是，將《還真祕術》傳授給他，叫他修煉，不久，將他引入仙班。

看起來，曹國舅一心向道，是一心向善，是在尋求真理。據說，當上神仙，也就找到了真理。

以上是曹國舅的一個來歷，也是最為人們接受和熟悉的一個來歷。還有人說，曹國舅乃宋仁宗朝的大國舅，名諱不詳。另一說，認為曹國舅是宋朝魯國公曹彬之孫曹佾，其姐是宋仁宗趙禎的皇后。

第五章　護衛神

門神神荼鬱壘

門神是中國民間流行的居家保護神。對門神的信仰由來已久，這和中國古代鬼神觀念的崇信有關。舊時，人們相信鬼神的存在，為了防範惡鬼的侵入，就在自家的門框貼上門神，以求闔家平安。

最早的門神是桃木雕成的兩個神像，一個是神荼，一個是鬱壘，懸於門上。

傳說遠古時的黃帝，既管理人間，也統治鬼國。對那些遊蕩在人間的群鬼，黃帝派了兩員神將統領着，即神荼、鬱壘二兄弟。這哥兒倆住在東海的桃都山上，山上有一株巨大桃樹，樹幹枝椏盤屈伸展達三千里。樹頂上站着一隻金雞（又稱天雞）。每當太陽初升，第一縷陽光照在它身上時，金雞即啼叫起來。接着，天下所有的公雞一起跟着叫起來。這時，在大桃樹東北樹枝間的一座「鬼門」兩旁，神荼、鬱壘一左一右威風凜凜地把守着。他倆監視着那些剛從人間遊蕩回來的、各式各樣的大鬼小鬼。民間傳說，鬼只能在晚上活動，天亮之前，不等雞叫就得跑回鬼國。二位神將要是在鬼群裡發現在人間禍害人的惡鬼，馬上用葦索捆綁起來，扔到山後去餵老虎。因此，鬼最怕的有四樣：神荼、鬱壘、金雞和老虎。

因為當時桃木很多，就將神荼和鬱壘製成大桃人，立在門口，以驅逐鬼怪。後來，就在木板上繪畫神荼、鬱壘和老虎，並在門上懸掛繩索，以御惡鬼。

以上記載，見於東漢王充著《論衡‧訂鬼》：「《山海經》又曰：滄海之中，有度朔之山，上有大桃木，其屈蟠三千里，其枝間東北曰鬼門。萬鬼所出入也。上有二神人，一曰神荼，一曰鬱壘，主閱領萬鬼。惡害之鬼，執以葦索而以食虎。於是黃帝乃作禮，以時驅之，立大桃人。門戶畫神荼、鬱壘與虎，懸葦索以御兇魅。」

原來的神像是立體雕刻，比較費工。後來就將神像繪畫在木板上，並將木板懸掛在門上，這就簡便多了。或者乾脆在木板上書寫神將的名字，以及畫些符咒。這就是所說

門神。右為「神荼」；左為「鬱壘」

的桃符了。

以後，又出現了著名的滅鬼好手鍾馗。

鍾馗以後，又出現了武將門神。唐朝以後，最著名的門神是秦瓊和胡敬德。秦瓊和胡敬德是唐朝初年赫赫有名的戰將，是幫助李世民打天下的開國元勳。《三教源流搜神大全》卷七云：「按傳，唐太宗不豫。寢門外拋磚弄瓦，鬼魅呼號。太宗以告群臣。秦叔寶出班奏曰：『願同胡敬德戎裝立門外，以伺。』太宗可其奏，夜果無警。因命畫工圖二人之像，懸於宮掖之左右門，邪崇以息。後世沿襲，遂永為門神。」

這是說，有一天，唐太宗李世民身體不適。他聽到寢宮外，有拋磚弄瓦的聲音，還夾雜着鬼怪的號叫聲。唐太宗把這個奇怪的現象，告訴了諸位大臣。秦叔寶站出來，奏道：「我願意同胡敬德穿戴戎裝，站在寢宮門外，保護皇上。」唐太宗答應了他們的奏請。照這樣辦，一夜果然無事。於是，唐太宗詔命宮廷畫師，畫了秦叔寶和胡敬德二人的畫像，懸掛在寢宮的左右門。鬼怪作祟，竟完全止息了。後代沿襲了這個做法，秦叔寶和胡敬德二人就永遠地當上了門神。

秦瓊（？—638），字叔寶。齊州歷城（今山東濟南）人。封翼國公。後拜左武衛大將軍。死後，改封胡國公。陪葬於昭陵。

胡敬德即尉遲敬德、尉遲恭（585—658），唐朝初年大將，字敬德，朔州善陽（今山西朔州）人。屢立大功，封鄂

國公。因在「玄武門之變」中，射死李元吉，助李世民奪取帝位，因而備受恩寵。貞觀元年（627），拜右武侯大將軍，封吳國公。死後，陪葬於昭陵。

有的直接書寫「秦軍、胡帥」字貼於戶上。他們本來是貴族門神，後來逐漸流傳於民間。

兩員神像貼在臨街的大門上，披甲執鉞，張牙舞爪，嚇阻妖魔鬼怪。除秦叔寶和胡敬德以外，武將門神尚有趙雲、馬超、薛仁貴、蓋蘇文、孫臏、龐涓、黃三太、楊香武、燃燈道人、趙公明，乃至哼哈二將等。北方還有以孟良、焦贊為門神的，可能二人的出身不太硬氣，曾落草當過強盜，故不堪登大雅之堂。這二位只好紆尊降貴，在牛棚、馬圈等處充當守衛。

只有驅鬼鎮妖一種功能的武將門神，已不能滿足人們的多種需要，於是又出現了文官門神和祈福門神。後者寄託了人們祈望升官發財、福壽延年的願望和心態。

門神除武將者外，逐漸多樣化了。祈求升官發財，貼文官門神，如文昌帝君；祈求多子多福，貼送子門神，如送子娘娘；祈求家庭和美，貼喜慶門神，如和合二仙等。溫和門神大都貼於院內堂屋門上，以別於街門上的驅鬼鎮邪的武將門神。

門神變成了一個多功能神。門神可以驅鬼神，鎮妖邪，保升官，衛家人，助功利，降吉祥。因此，門神得到民間的禮拜。門神的信仰，寄託着人們心理的某種寄託。

吃水安全靠井神

井神是保護人們用井水平安的吉祥神。中國古代講究五祀。這五祀的對象是門神、戶神、井神、灶神和土神。井神是五祀之一,可見井神地位之重要。是呀,喝水能不重要嗎?人離開了水是寸步難行的。

在古代,因為井水是水來源的重要途徑,所以就顯得更加重要。那時,在城鄉到處是水井。有了水井,人們生活才有了基本保證。因此,人民祭祀井神就順理成章了。

那時,人們是怎樣祭祀井神的呢?在農村,大凡每年除夕時便須封井。春節後第一次啟封挑水時,要燒紙祭井。一封一啟,標示新的一年開始了。初一為甚麼不挑水呢?據說,大年三十,井神要到東海,向龍王彙報工作。初二回來後,要恭候玉皇大帝來視察工作。人們理解此時的井神很忙,因此,初一不挑水。初二一大早才會趕忙到井邊挑水,名曰「搶財」。

遇到節日,人們要到井邊擺上甜食供品,恭敬祭祀,祈求井神提供清純甜美的井水,水流源源不斷。遇到大旱天氣,人們要特意到古老的大井裡挑水,澆灌柳枝,祈求井神助一臂之力,普降大雨,周濟眾生。其他的,娶妻生子,添

人進口，都要以不同的方式祭祀井神，怠慢不得。

井神並不講究，一般沒有廟宇。有的地方，在井邊造一個簡陋的神龕，供奉井神。還有的地方，在井邊並排擺着兩尊石像，一男，稱水井公；一女，稱水井媽。但都不莊嚴隆重，有那個意思罷了。中國老百姓在供奉神明方面也是講究實際的。

廁神紫姑

59

廁神是跟廁所有關的神明，是供人們占卜休咎之神。

　　有意思的是，廁神皆為女性形象。細分起來，廁神大體可以分為兩類。一類是屈死鬼，如紫姑，有人說她是唐朝屈死的何媚，有人說她是漢朝屈死的戚姑；一類是英雄女，如武力廣大無邊的三霄娘娘。

　　先說屈死鬼廁神。這個廁神是唐朝山東萊陽人，名何媚，字麗卿。武則天稱帝期間，何媚命苦，其夫叫山西壽陽刺史貪官李景給害死了。何媚被李景霸佔為小妾。李景的大老婆見何媚年輕美貌，十分妒忌，時時想要害死她。於是，在農曆正月十五元宵節之夜，趁何媚入廁之時，大婦將何媚害死在廁中。何媚屈死，冤魂不散，在廁中遊蕩。李景每每入廁，都會隱隱聽到啼哭聲和刀兵聲，令刺史十分恐懼。此事傳到了武則天的耳朵裡，武則天很是驚異。她查明了事情的原委，對屈死的何媚非常同情，當即下旨，晉封何媚為廁神。就這樣，何媚當上了廁神，叫紫姑。也算給何媚一個說法了。

　　屈死鬼紫姑還有一個說法。有人認為紫姑不是唐朝的何媚，而是漢朝的戚姑。戚姑是漢高祖劉邦的妃子，後遭到呂

后的陷害，施以酷刑，砍掉了四肢，成為「人彘」，死在廁所裡。戚姑的慘死得到後人的同情。因此，人們就説紫姑神的原型是漢高祖的妃子戚姑了。

以上説的是屈死鬼廁神的類型。

廁神像

次說英雄女廁神。英雄女廁神是指三霄娘娘，即雲霄、瓊霄和碧霄三位仙姑。她們是《封神演義》裡的三仙島的三位女俠的藝術形象。她們的兄長是著名的武財神趙公明。趙公明幫助商王打周王，不幸戰死。三霄娘娘為其兄報仇，也投入了殘酷的廝殺。她們個個武藝高強，功夫超人。最要命的是她們握有兩件稀世法寶，一件是金蛟剪，一件是混元金斗。這兩件法寶將她們的敵人都打敗了。所有的神仙在這兩件法寶面前，都喪失了法力，一概被擒。到最後，驚動了元始天尊和太上老君。這兩位元老親自出馬，才輕而易舉地要了三霄娘娘的命。

最後，姜子牙奉元始天尊之命封神時，三霄娘娘被封為感應隨世仙姑正神。具體內容如下：「今特敕封爾三姑執掌混元金斗，專管先後之天，凡一應仙凡人聖天子諸侯貴賤賢愚，落地先從金斗轉劫，不得越此，為之位。」

《封神演義》作者許仲琳藉此發揮道：「雲霄娘娘、瓊霄娘娘、碧霄娘娘，以上三姑正是坑三姑娘之神。混元金斗即人間之淨桶，凡人之生育，俱從此化生也。」這就是說，三霄娘娘就是坑三姑娘，坑是指北方的茅坑、糞坑。並進一步說明，混元金斗不過是人們經常使用的淨桶罷了。總之，英雄的三霄娘娘就是廁神。四川峨眉山曾有一座著名的三霄娘娘廟。三霄娘娘的塑像是娘娘模樣，三人合祀，神態莊嚴，表情穩重。

60

灶神灶王爺爺和灶王奶奶

灶神是民間風俗的居家保護神。又稱灶君、灶王、灶王爺、灶君菩薩。據說，灶神能夠升天到玉皇大帝處，彙報人間的善惡。因此，人們對這位長於打小報告的灶王爺，便心存敬畏。俗語「上天言好事，下界保平安」，說的就是人們對灶神的某種期待。

灶神的形成有一個歷史過程。最初的灶神，不是人，而是蟲。這個蟲，就是蟑螂。這個說法見於袁珂所編著的《中國神話大詞典》。《莊子·達生》:「灶有髻。」司馬彪註:「髻，灶神，着赤衣，狀如美女。」《廣雅·釋蟲》認為，髻是蟬。蟬，灶上有紅殼蟲如蟬，俗呼蟑螂，人或叫做「灶馬」，四川叫做「偷油婆」。古代以此為神物。古人對灶間的蟑螂有所崇拜，以為是灶神。赤衣，就是紅殼。狀如美女，是對蟑螂的崇拜。

也有的學者認為，這個「髻」是個美女。她身穿紅衣，狀如美女，即早期的灶神是個女性。後來，灶神演變成了男性。

很早以前，就出現了男性灶神。西漢劉安著《淮南子》

說：「黃帝作灶，死為灶神。」黃帝時期，黃帝就曾兼任灶神。《淮南子》又說：「炎帝於火，死而為灶。」是說炎帝以火德王天下，死後蛻變成灶神。清俞正燮著《癸巳存稿》云：「灶神，古《周禮》說，顓頊有子曰犁，為祝融，汜以為神。」很早以前，人們就把祝融當作灶神來祭祀了。黃帝、炎帝和祝融，都是左右人類存亡禍福的高等神仙，把他們當作灶神來祭祀，正說明灶神地位的重要。

灶神名氣最大的是張蟬（一名張單）。唐段成式著《酉陽雜俎》說：「灶神名蟬，字子郭，衣黃衣。」張蟬，字子郭。男人女相，長得像個美女，愛穿黃色的衣服，披散著頭髮。灶裡出來，人若呼喚他的名字，就能免除兇惡災害；如果不知道他的名字，見到他就會死去。灶神於壬子日亡故，不可於這一天修理鍋灶。五月辰日，須用豬頭祭祀。雞毛入鍋灶，會招致大禍；犬骨入灶，會生下狂子。這些都是迷信。

農村祭奠灶神的儀式是很講究的。農曆臘月二十三日，俗稱小年。是晚，各村各戶，無不祭祀灶神，名曰祭灶。祭時，用香五根，黃表紙三張，小蠟一對；祭灶燒餅二枚，名曰灶火燒；麥芽糖一塊，名曰灶糖；雄雞一隻，名曰灶馬童；細草少許，糧食五種，清水一杯，謂之馬草，用以飼灶馬者；預備新灶神一張，張貼灶前，謂之換新衣；隨帶黃紙馬二張，約方寸許，名曰灶馬。灶馬一張黏在灶神額上，意為迎灶神回宮之馬，於元旦黎明焚化；另一張，即於當日隨香表焚化，意為送灶神升天之馬。

主祭之人必為家長。禮拜時，身後跪一幼童，雙手抱一雄雞，家長叩頭畢，向灶神禱祝數語。祝畢，一手握雞之頂，將雞頭向草料內推送三次，一手將涼水向雞頭傾灑，雞若驚慄，便謂灶神將馬領受。祭畢晚餐，食時豆腐湯為最不可少之物，並食祭灶神時之灶火燒。謂之過小年節。

　　有些地方的祭灶風俗，分兩天舉行。二十三日夜祭葷灶，雞、鴨、魚、肉、美酒佳餚，唯恐灶爺不喝個爛醉；二十四日晚上祭素灶，用的是水果、花生、瓜子、金針菇、香菇、木耳、百合以及點心等供品。各地情況不同，但都

灶王爺爺和灶王奶奶年畫

少不了糖瓜，即用麥芽糖黏住灶王爺的嘴，他就不能說別人的壞話了。為甚麼要分兩天進行呢？不難理解，頭一天是賄賂，怕灶神到天廷撥弄是非；第二天是怕灶神貪饞，帶醉上天胡言亂語。

少數民族地區的祭灶，更有特點。廣西環江壯族為祈求不生眼病和疥瘡，每年農曆正月初一至十五日四祭灶神，叫「灶王祭」。分大祭和小祭：大祭三年至五年一次，小祭每年一次。大祭以小豬一頭、公雞一隻為祭品，並請巫師祈神；小祭僅用公雞一隻、豬肉一斤，不請巫師，各家自祭。無論大祭或小祭，婦女都要離開家裡。傳說婦女在家，灶王不敢出來領祭。

舊時北京的祭灶風俗，由下面這首俗曲就可以看出來了。俗曲道：「臘月二十三，呀呀喲，家家祭灶，送神上天，祭的是人間善惡言。一張方桌擱在灶前，牽張元寶掛在西邊。滾茶涼水，草料俱全。糖果子糖餅子，葷素兩盤。當家人跪倒，手舉着香煙，一不求富貴，二不求吃穿，好事替我多說，惡事替我隱瞞。」

床神分公母

床神是中國民間禮拜的吉祥神。床神最初也是個概念神，不是形象神。人們禮拜的是他自己心中的抽象概念，而不是客觀的具體形象。由於人們一生在床上待得時間很長，男女之歡，養兒育女，全離不開床，所以對床就產生了一種敬畏的心理。

床神有床公床母之分。據說，床公喜茶，床母好酒。祭祀時，要分別對待。民間祭祀床神，大體有三個目的：一是保佑小孩平安；二是保佑全家安寢；三是保佑夫妻和美。

先說保佑小孩平安。婦女生孩子，小孩出麻疹，都要祭拜床神。小孩生下第三天，用糕點祭拜床神，叫「洗三」。七夕也是女兒節。從前的傳說中，樹有樹神，床有床神。床神是兒童的保護神。通常有小孩的家庭，在孩子十六歲以前都要拜床母。尤其是女孩子在七夕的時候，要拜床母。這樣就會有一雙巧手，會做許多巧事。

次說保佑全家安寢。民間有供奉茶酒於臥室的習俗，以祈求床神保佑終年安寢。祭拜床神大多在年底，也有在陰曆每月初一、十五祭拜的。平時的祭拜，床神要求不高，不用大魚大肉，瓜果糕點亦可，甚至在一個碗裡插上一炷香

也行。看來，床神是好說話的。

三說保佑夫妻和美。舊時，新人入洞房時，都要祭拜床神。祭拜時，也有一套儀式。目的是祈求床神保佑夫妻和美，子孫滿堂，族屬興旺。祭拜床神之俗，南方比北方盛行，至近代已逐漸衰微。

祭祀床神的風俗在宋代已十分流行。宋楊循吉《除夜雜詠》詩曰：「買糖迎灶帝，酌水祀床公。」給灶神買糖果，給床神上茶水，這正是當時民俗的寫照。祭床神不僅民間流行，也逐漸傳入皇宮內廷。宋曾三異在《同話錄》中記載，翰林崔大雅夜晚在翰林院值班，突然宮內皇上降旨，讓他馬上寫一篇《祭床婆子文》。崔大雅不知所以，「惘然不知格式」，不知道這種祭文的格式。他連夜趕到周丞相家討教，周丞相很老練，急忙告訴他，可以套用民間的格式來寫。你這樣寫：皇帝遣某人致祭於床婆子之神曰，汝司床簀，云云。崔大雅如釋重負，趕緊起草了事。

床公床母一般沒有塑像和畫像。後來，出現了一種紙質的床神，如剪紙模樣，一男一女，構圖簡單，剪裁方便，好像就是人們私下剪裁的。將這種紙質床神貼在床上，就可以保佑平安了。

隨着時間的推移，床神也有了自己的供奉對象。一般有二說：一說是真君和元君；一說是周文王夫婦。

關於真君和元君說。北京朝陽門外東嶽廟，正院的西配殿叫廣嗣殿。裡面供奉的都是送子娘娘和子孫爺，主神

叫九天監生明素真君和九天衛房聖母元君。這男女二神，據說就是床公床母。一個是真君，一個是元君，官都不小。

關於周文王夫婦說。周文王叫姬昌，為周族首領五十年，是西周王朝的奠定者。他活了九十七歲。明許仲琳著《封神演義》第十四回說，姬昌本有九十九個兒子，後又於燕山收養了雷震子，湊成百子之數。所以民間傳說周文王夫婦生有百子，他倆成了「多子多福」的楷模，自然受到世俗祈求多子者的頂禮膜拜。

床神貼紙

土地廟裡土地爺爺和土地奶奶

土地神，民間俗稱土地爺、土地公。其老伴，則俗稱土地婆、土地奶奶。道教神仙中，土地的級別最低，權力最小。但由於土地爺和土地婆離人間最近，最接地氣，所以頗得百姓尊敬和信奉。

人類敬仰天空，同樣崇拜大地。古人崇拜大地的形式很多，其中最正式最莊嚴的應數社稷。社稷，社代表土地；稷代表穀物，它們是最為農業社會所重視的。古代帝王，每年春秋，都要祭祀社稷。清乾隆皇帝每年農曆二月和八月，都要遣官或親自前往社稷壇祭祀。祭祀前，乾隆皇帝一定要齋戒三日，以示隆重。

我們還知道一個詞——神祇。這裡的神，指的是天神；祇，指的是地神。東漢許慎著《說文解字》解釋：「祇，地祇，提出萬物者也。」地神是提供和出產萬物的神仙，可見其對人類的重要性。

很多中國古代的土地爺都是當地名人。最早的土地爺是漢朝的秣陵尉蔣子文，他是秣陵（南京）的土地爺，後來還成為十殿閻羅第一殿

土地公土母

土地爺爺和土地奶奶像

秦廣王。北宋文學家韓愈是北京的土地爺。唐朝的書法家、草聖張旭是江蘇常熟的土地爺。北宋文學家蘇軾是浙江杭州的土地爺。南宋時期的抗金英雄岳飛則被尊為臨安（今杭州）的土地爺。

絕大多數土地爺和土地婆的形象是很親民的，一般就是普通老頭老太太的打扮，並無過分的裝飾和法器。他們的土地廟也很簡單，甚至可以說是簡陋，好點的有間房子；差些的就是幾塊磚頭疊的小台子；有的甚至乾脆用一塊破木板，就把土地爺打發了。當然，土地爺來自民間，知道當地疾苦，也不會錯怪百姓。

不過，有些地方的土地廟可以稱得上是豪宅了。在中國台灣，土地被稱作福德老爺、福德正神。這位老爺一身財主打扮，身穿綾羅錦緞，左手持金元寶，右手拿碧玉如意或拐杖。他們住的地方更是金碧輝煌。在台灣台中市的水景福隆宮裡面，就住着這樣一位福德老爺。你看他不僅住的地方豪華舒適，而且頭上竟然戴着金冠。

難道做土地爺也要學會投胎這個技術活？

城隍廟裡城隍神

城隍即城神，是古代神話中城池的守護神，後來為道教所信奉。城隍神最早的雛形，是水庸神。據《周禮》記載，蠟祭八神之一，就有水庸神。水庸，即水溝。對此，清趙翼著《陔餘從考》卷十五說：「水則隍，庸則城也。」這就證實了水庸神是最早的城隍神的說法。

古代的國家，一般都是城市國家。城牆對一個國家的安全十分重要。當然，僅有城牆，還是不夠的。城牆之外，必須有護城壕。護城壕裡，還必須蓄滿池水。因此，城隍神就具有了保家衛國的特殊意義。有了城隍神的保佑，城池就可以固若金湯。對城隍神的崇拜，也就順理成章了。

各地的城隍基本都是當地的名人。西漢大將紀信因其忠心耿耿，被奉為鄭州城隍；上海有三大城隍，即老城隍西漢政治家霍光、二城隍明太祖時期的侍讀學士秦裕伯、新城隍清代江南提督陳化成；浙江杭州的城隍是南宋民族英雄文天祥；江蘇蘇州的城隍是春秋戰國時期的政治家春申君。

城隍是有等級的。明代，城隍被分為五個等級，即第

一等京師城隍，封福明靈王；第二等都城隍，封明靈公，掌管省；第三等府城隍，封威靈公，掌管府；第四等州城隍，封靈佑侯，掌管州；第五等縣城隍，封顯佑伯，掌管縣。城隍下轄三司，即陰陽司、速報司、糾察司。其他屬下還有文武判官、范謝將軍、牛馬將軍、甘柳將軍、韓盧將軍、日夜遊神、枷鎖將軍等。

今天西安的城隍廟就是明太祖朱元璋洪武年間修建的。它雄偉壯麗，蔚為大觀，呈一時之盛。大殿正中是城隍神，兩旁分列判官、牛頭、馬面、黑白無常等鬼卒，面目猙獰，陰森恐怖，展現了陰間的一角。

船神孟公孟姥

64

船神是江河湖海船舶航行的保護神。河神亦稱船神。

據說，中國古代的船神有兩位，是孟公、孟姥。孟姥又叫孟婆。還有人記載，船神叫馮耳。大概在不同的時代、不同的地點，船神也各有不同，如番禺和周雄亦是傳說中的船神。

唐朝人記載：「船神呼為孟公、孟姥，其來尚矣。」尚是時間久遠之意。這是說，船神稱為孟公、孟姥，這個稱呼時間很久遠了。有的記載：「下船三拜三呼其名，除百忌。又呼為孟公、孟姥。」航行前，船員要舉行簡單的儀式。要三拜三呼，高呼船神孟公、孟姥的名字，以求得船神的保佑。可見，船神在船員心目中的重要地位。還有的記載：「南方除夜將發船，皆殺雞、擇骨為占卜吉凶，以肉祀船神，呼為孟翁、孟姥。」出航之前，船員要殺雞擇骨，用好肉祭祀船神，並高呼船神的名字，求得保佑。

在造船技術和航海技藝落後的時代，船員把航行的平安寄託於船神，是非常正常的現象。因此，船神便應運而生。從某種意義上說，船神承載着船家的命運和期望。船神在很大程度上，是船家最大的精神支柱。

船神孟公、番禺、周雄

65

童神項橐

童神項橐，又名項託。傳説春秋時期魯國的一位神童，是兒童的榜樣神。他只有七歲，孔子卻把他當作老師一般請教，後世尊項橐為聖公。

孔子以項橐為師，這種説法最早見於《戰國策・秦策五》，內中只是説道「生七歲而為孔子師」，具體情況則語焉不詳。

關於至聖先師孔子和神童項橐的故事，經歷代文人的增飾，到隋唐時出現了一篇有趣的文章，叫《孔子項託（項橐）相問書》。此文分為兩大部分，前半部分是散文式的對話，約一千六百字；後半部分是七言古體詩，共五十六句。全文大約二千餘字，極具童趣。這篇文章充分表現了神童項橐的靈活機敏，讀之令人叫絕。文中最吸引人的是孔子和項橐的反覆問答，充滿玄機，饒有趣味。一天，孔子乘着一輛馬車周遊列國。來到一個地方，見有一孩子用土圍成了一座「城」，坐在裡面。

孔子溫和地問：「孩子，你看見馬車為甚麼不躲開呀？」

那孩子眨了眨眼睛回答：「聽説您孔老先生上曉天文，下知地理，中通人情。可是，自古到今，只聽説車子躲避城池，哪有城池躲避車子的道理呢？」

孔子當時無言以對，於是，讓馬車躲開城，向另外一條

道路走去。

孔子好奇地問道：「你叫甚麼名字呀？」

孩子天真地答道：「我叫項橐。」

孔子想試一試孩子的智力，就同孩子玩起了智力遊戲。

孔子巧妙地問道：「你知道嗎？甚麼山上沒有石頭？甚麼水裡沒有魚兒？甚麼門沒有門閂？甚麼車沒有輪子？甚麼牛不生犢兒？甚麼馬不產駒兒？甚麼刀沒有環？甚麼火沒有煙？甚麼男人沒有妻子？甚麼女人沒有丈夫？甚麼天太短？甚麼天太長？甚麼樹沒有樹枝？甚麼城裡沒有官員？甚麼人沒有別名？」

問完，孔子狡黠地盯着項橐露出微笑，等待項橐的回答。

項橐略微想了想，便朗朗地答道：「您聽着 —— 土山上沒有石頭，井水中沒有魚兒，無門扇的門沒有門閂，用人抬的轎子沒有輪子，泥牛不生犢兒，木馬不產駒兒，砍刀上沒有環，螢火蟲的火沒有煙，神仙沒有妻子，仙女沒有丈夫，冬天白日裡短，夏天白日裡長，枯死的樹木沒有樹枝，空城裡沒有官員，小孩子沒有別名。」

孔子大驚，這孩子竟智慧過人！

項橐這時不容孔子多想，反問他說：「現在輪到我考您了 —— 鵝和鴨為甚麼能浮在水面上？鴻雁和仙鶴為甚麼善於鳴叫？松柏為甚麼冬夏常青？」

孔子胸有成竹，沉靜地慢慢答道：「鵝和鴨能浮在水面

上，是因為腳是方的；鴻雁和仙鶴善於鳴叫，是因為它們的脖子長；松柏冬夏常青，是因為它們的樹心堅實。」

「不對！」項橐大聲說，「龜鱉能浮在水面上，難道是因為它們的腳方嗎？鴻雁和仙鶴善於鳴叫，難道是因為它們的脖子長嗎？胡竹冬夏常青，難道是因為它們的莖心堅實嗎？」

孔子看着思維敏捷的項橐，喜歡上了這個孩子。

為了考驗一下項橐的人品，孔子故意試探地問道：「吾車中有雙陸局，共汝博戲如何？」項橐機智地答道：「吾不博戲也。天子好博，風雨無期；諸侯好博，國事不治；吏人好博，文案稽遲；農人好博，耕種失時；學生好博，忘讀詩書；小兒好博，笞撻及之。此是無益之事，何用學之！」

孔子十分震驚，覺得這孩子不僅知識豐富，而且品德高尚，感到這是個可塑之才，遂拱手說道：「後生可畏，後生可畏！」駕着車依依不捨地繞道走了。

《孔子項託相問書》問世以來，深受百姓喜愛，民間廣為流傳。僅在敦煌遺書中就發現了漢文抄卷十三個，都是唐末五代時的寫本。難能可貴的是，在敦煌遺書中，還發現了三個藏文抄本。這足以證明此文已經流傳到了藏文地區。

項橐難倒孔子，這是不大可能的事。但是，撰寫這樣一個看似不可能的故事，意在鼓勵千千萬萬個小兒。樹立這樣一個榜樣，跟進的是數不清的小兒。

項橐由此成為童神。

66

護法天神韋馱

韋馱天神，二十諸天第十二位。又叫韋琨、韋馱天，全稱護法韋馱尊天菩薩。韋馱天梵名作「私建陀提婆」，直譯「陰天」。他是佛教中的護法天神，南方增長天王的八大神將之一，居四天王三十二神將之首。農曆六月初三，是韋馱菩薩聖誕。

韋馱天神從何而來呢？傳說，他是印度教濕婆與雪山神女的兒子室建陀。室建陀的出生還有一段故事。

惡魔阿修羅王向梵天許願，希望百戰百勝，天下無敵。梵天說：「除了濕婆的兒子，你天下無敵。」惡魔阿修羅王聽了非常高興。因為此時濕婆的夫人已經死了，而濕婆也沒有兒子。惡魔阿修羅王開始向其他天界進攻，無人能夠抵擋。眾神向梵天求助，梵天說：「我已經給了阿修羅王祝福，只有濕婆的兒子能夠打敗他。」

雪山神女是濕婆夫人轉世。雪山神女為了感動濕婆，加倍修行。濕婆被打動，經過一番考驗後，濕婆與雪山神女結為夫妻。不久，兩人生下室建陀。室建陀指揮帝釋天尊的神仙隊伍，將惡魔阿修羅王打敗，天界重新恢復了平靜。室建陀也因此成為天兵元帥。室建陀在漢傳佛教中就是韋

馱天神。

韋馱天神在中國寺廟中一般供奉於天王殿，面對着釋迦牟尼佛像，威武雄壯地守衛着佛殿。傳說佛祖涅槃時，有一捷疾鬼盜取佛牙一雙，韋馱天神急忙追回取還，故此聲名大噪，成為護法神將。其實，據唐慧立、彥悰著《大慈恩寺三藏法師傳》記載，釋迦牟尼欲涅槃時，曾命弟子韋馱天神保護南贍部洲傳播佛法。

漢化了的韋馱天神造像，英俊威武，面目清秀，身披甲胄，手持金剛。是二十諸天中第十二天。很多寺廟裡，滿面歡笑的彌勒佛身後的隔板背面，都會有一個威風凜凜的韋馱天神。為甚麼這兩個傳奇的人物背靠背地同在一個天王殿裡呢？傳說彌勒佛和韋馱天神原來分別是兩個廟的當家和尚。彌勒佛笑口常開，熱情好客，他的廟裡香火鼎盛。韋馱天神恰恰相反，一天到晚板着臉，香客不敢進廟，因此他的廟冷冷清清。後來如來佛就讓他倆共管廟宇，取長補短，將佛寺管理得井井有條。

中國佛教寺院中的韋馱天神形象，大多為身着甲胄的武將模樣。體格魁偉，面貌俊朗，身佩剛杵，雙手合十。山西省平遙縣雙林寺千佛殿造像之一的明代彩塑韋馱，高 1.76 米。此像全身盔甲，雕法極其精緻，人體適度誇張，是現存的古代彩塑韋馱天神中最傑出的一尊。

捉鬼鍾馗

古代神話人物，民間信仰的驅除邪魔的神仙。歷史上本無其人，鍾馗的生平事跡全都是人們虛構的。

據說，他的父親叫鍾惠，母親譚氏。一日，譚氏夢見金甲神人手捧紅日，紅日被譚氏吞入腹中，從此懷有身孕。懷胎足月，譚氏又夢見香煙五彩，縈繞在身。神人告訴她，小兒乃是上界武曲之星，日後必成正果。譚氏醒來就生一小兒，當時毫光閃閃，紫氣騰騰，就取名鍾馗。小鍾馗相貌奇醜，但聰穎過人，不僅過目成誦，而且出口成章。

鍾惠五十大壽時，他的好友張憲專程趕來慶賀。見鍾馗文采飛揚，就把獨生女兒許配給鍾馗，要求鍾馗入贅。玉帝天使下凡托夢鍾馗，賜給他寶劍和神筆說：「筆可以記錄人間善惡，劍可以除掉天下邪魅。」不久之後，張憲要求鍾馗到他家讀書。張家的女兒名叫秀英，年方二八，生得國色天姿，詩詞歌賦，無不通曉。鍾馗在張憲處讀書，心不外騖，口不非言，目不斜視，身不妄動。一年之後，京都會試，他沒有考中。鍾馗覺得功名未就，羞返故里，於是和僕人前往終南山避居苦讀。秀英得知鍾馗不歸故里的消息後，思念成疾，旬餘而死。

鍾馗像，
順治皇帝繪

鍾馗第二次赴試中了頭名，卻因面貌奇醜，被皇帝黜落。一氣之下，鍾馗觸階身亡。身亡之後，天帝當即派金童玉女把他接來，封他為驅魔大神。他來到陰間，要清除陰間鬼魅。閻君告訴他，陰間的鬼魅，已有許多神靈管理，沒有一個遊魂敢於作祟，建議他到人間捉鬼。於是，他帶着宿怨，來到人間捉鬼。此後，鍾馗斬了無數陽間之鬼。

　　另外，據北宋沈括著《補筆談》卷三的記載，鍾馗的發跡和唐玄宗的重視有密切關係。

　　開元年間，唐玄宗李隆基得了重病。某一夜，他突然夢見兩個鬼，一大鬼，一小鬼。小鬼長着一個牛鼻子，身穿紅衣，一隻腳穿鞋，另一隻腳光着，鞋掛在腰上。這個小鬼，偷偷地盜走了楊貴妃的紫香囊及自己的玉笛，繞到殿上來耍玩。唐玄宗見了大怒，正想呼叫武士，忽然見到一大鬼。這個大鬼，頭頂破帽，身着藍袍，腰繫角帶，袒露一臂，一下捉住小鬼。大鬼剜掉小鬼的雙眼，扔到嘴裡吃了。然後，又把小鬼撕成兩半，吃了。李隆基忙問他是何人，他回答說：「我是終南山進士鍾馗。因武德年間應舉不第，羞歸故里，觸階而死。我現在是鬼王，誓為陛下除盡天下妖魔鬼怪！」

　　唐玄宗大夢醒來，神清氣爽。於是，立馬召見大畫家吳道子，讓他依夢中所見，畫張「鍾馗捉鬼圖」。吳道子沉吟片刻，揮毫立就。李隆基瞪着眼睛看了半晌，說道：「莫不是先生跟我一塊做夢來着？畫得怎麼這樣像！」馬上重賞了吳道子，並將此畫懸於後宰門，用以鎮妖驅邪。由於唐玄

宗的大力推崇，鍾馗逐漸成為民間迷信的驅邪逐鬼的神仙。

民間還流行着「鍾馗嫁妹」的喜劇傳說。鍾馗有個同鄉好友杜平，家貲富有，樂善好施。他看到鍾馗家境貧寒，就資助鍾馗和自己一同進京會試。不料，鍾馗因蒙羞撞階而死，杜平遂出資將其安葬。鍾馗來到陰間，做了鬼王，被杜平的種種善舉所感動。於是，鍾馗就親自率領大小鬼卒，在除夕返歸故里，把自己的妹妹嫁給了杜平。這段佳話，為人們津津樂道，遂成為古代小說、戲劇和繪畫的搶手題材。

究其實際，鍾馗是民間杜撰的一個喜劇人物。傳說，鍾馗其實是一根木棒，叫終葵。古書說明：「齊人謂椎曰終葵。」椎木棒。齊國人把木棒叫做終葵。終葵既然是木棒，用它來驅除鬼怪，就不足為怪了。

重慶豐都「鬼城」天子殿前左側，有一座鍾馗殿。殿中供奉的主神，就是民間傳說中專門打鬼、捉鬼、斬鬼、吃鬼的鬼王鍾馗。

68

掌管生死五道將軍

五道將軍是東嶽大帝手下的屬神，歸東嶽大帝管轄。五道將軍在陰間掌管人間生死大事，權力很大，人間擁有不少崇拜者。

明朝著名小説家馮夢龍的世情小説《醒世恆言》，第十四卷「鬧樊樓多情周勝仙」就涉及了五道將軍，這是個離奇曲折的愛情故事。開酒肆的范大郎之弟范二郎，與周大郎的女兒周勝仙在茶坊邂逅，二人一見鍾情，但沒有定下終身。回家後，周勝仙茶飯不思，懨懨不起。王婆來給她看病，知道周勝仙得了相思病。便從中撮合，范大郎與周勝仙母周媽媽給二人訂了婚。周勝仙父周大郎歸家，聽説此事，嫌棄范二郎是個開酒樓的，出身低賤，大罵周勝仙的母親，恰被周勝仙聽得。周勝仙一氣之下，死絕過去，周大郎也不讓人來救，將周勝仙裝殮了埋葬。

有個偷墳盜墓的朱真，去盜周勝仙墳，不料周勝仙醒了過來。朱真將其帶回家，強行奸宿。周勝仙後來找個機會逃走，到樊樓找到范二郎。范二郎以為遇見了鬼，拿起湯桶向周勝仙砸去，周勝仙真被打死。范二郎被抓入獄。

夜晚，范二郎睡去，夢見周勝仙濃妝而至，二人枕席之

間，歡情無限。一連三夜，纏綿悱惻，周勝仙臨去時道：「奴壽陽未絕。今被五道將軍收用。奴一心只憶着官人，泣訴其情。蒙五道將軍可憐，給假三日，如今期限滿了，若再遲延，必遭呵斥。奴從此與官人永別。官人之事，奴已拜求五道將軍。一月之後，必然無事。」從此，真的永別了。

後盜墓的朱真，案發被抓。當案的薛孔目，初擬朱真劫墳當斬，范二郎免死，刺配牢城營。還未曾呈案，其夜夢見一神如五道將軍之狀，怒責薛孔目曰：「范二郎有何罪過？擬他刺配，快與他出脫了！」薛孔目醒來，大驚，即改擬范二郎是打鬼，與人命不同，無罪釋放。

范二郎歡天喜地回了家。後來娶了妻，但始終不忘周勝仙之情。也感謝五道將軍，歲時到五道將軍廟中燒紙祭奠。

這裡的五道將軍，給了周勝仙三天的陽壽，滿足了她對愛情的部分追求。同時，命令薛孔目做了正確的改判。看起來，五道將軍很有同情心。他能幫助弱者，開釋無辜，是個具有正義感的冥神。在陽間胥吏心目中，五道將軍也很有權威，他的命令不得不從。

這個小說描寫到了五道將軍，說明在當時五道將軍已經參與人們的日常生活了。

69

佛祖弟子十八羅漢

十八羅漢，原本只是十六羅漢。他們是釋迦牟尼佛的十六位弟子，歷史上實有其人。據說，他們受到釋迦牟尼佛的囑託，不入涅槃，長住世間，弘揚佛法。

五代時貫休和尚所繪的《十六羅漢圖》。另外北宋文學家蘇軾曾給貫休《十六羅漢圖》各配有贊詩一首。

第一位是賓度羅跋羅度闍尊者：出身婆羅門貴族，原來是拘舍彌城優填王手下大臣。他的長相奇特，「眉長數寸，髮白如霜」，俗稱長眉羅漢。中國禪林食堂常常供其像，唐玄奘譯《法住記》說他住在西瞿陀尼洲。蘇軾贊詩曰：白氎在膝，貝多在中，目視超然，忘經與人，面顧百皺，不受刀箭，無心掃除，留此殘雪。

第二位是迦諾迦伐蹉尊者：他是知道一切善惡法的聲聞弟子，住在北方迦濕彌羅國。蘇軾贊詩曰：耆年何老，粲然復少，我知其心，佛不妄笑。嗔喜雖幻，笑則非嗔，施此無憂，與無量人。

第三位是迦諾迦跋釐墮闍尊者：住在東勝神洲。蘇軾

贊詩曰：揚眉注目，拊膝橫拂，問此大士，為言為默，默如雷電，言如牆壁，非言非默，百祖是式。

第四位是蘇頻陀尊者：住在北俱盧洲。蘇軾贊詩曰：聘耳垂肩，綺眉覆觀，佛在世時，見此耆年，開口誦經，四十餘齒，時聞雷電，出一彈指。

第五位是諾矩羅尊者：住在南瞻部洲。蘇軾贊詩曰：善心為男，其室寶喜，背癢孰爬，有木童子，高下適當，輕重得宜，使真童子，能知茲乎。

第六位是跋陀羅尊者：是佛祖的侍者，主管洗浴事，故有些禪林浴室供他的像。唐玄奘譯《法住記》說他住在耽沒羅洲。蘇軾贊詩曰：美狠惡婉，自昔所聞，不圓其輔，有圓者存，現亦報相，代眾生報，使諸佛子，具佛相好。

第七位是迦理迦尊者：是佛祖的一般侍者，住在僧伽荼洲。蘇軾贊詩曰：佛子三毛，髮眉與鬚，既去其二，一則有餘，因以示眾，物無兩遂，既得無生，則無生死。

第八位是伐闍羅弗多羅尊者：意為金剛子，住在缽刺孥洲。蘇軾贊詩曰：兩眼方用，兩手自寂，用者注經，寂者寄膝，二法相忘，亦不相損，是四句偈，在我指端。

第九位是戍博迦尊者：有「賤民」「男根斷者」之義，住在香醉山中。蘇軾贊詩曰：一劫七日，剎那三世，何念之勤，屈指默計，屈者已住，信者未然，孰能住此，屈信之間。

第十位是半托迦尊者：意思是「路邊生」，原來這個羅漢是個私生子。他弟弟也是個「路邊生」，所以他該叫「大

路邊生」。據說，他們的母親是大富長者之女，與家奴私通，逃避他國，久而有孕，臨產歸來，在途中生二子。後來，兄弟二人，均出家成為羅漢。蘇軾贊詩曰：垂頭沒肩，俯目注視，不知有經，而況字義，佛子云何，飽食晝眠，勤苦用功，諸佛亦然。

　　第十一位是羅睺羅尊者：意譯「障月」「執月」。他是佛祖唯一的一個兒子。據說，佛祖出家之夜，其俗時的妻子懷孕。六年後，佛祖成道之夜月食時，羅　羅尊者降生。他出家後成為佛祖的十大弟子之一，號稱「密行第一」。住在畢利颺瞿洲。蘇軾贊詩曰：面門月圓，瞳子電爛，示和猛容，作威喜觀，龍象之勢，魚鳥所驚，以是幻身，為護法城。

　　第十二位是那伽犀那尊者：意譯「龍軍」，習稱「那先比丘」，生於佛祖滅後，七歲出家。住在廣半度波山。蘇軾贊詩曰：以惡轆物，如火自熱，以信入佛，如水自濕，垂肩捧手，為誰虔敬，大師無德，水火無功。

　　第十三位是因揭陀尊者：住在廣脅山中。蘇軾贊詩曰：捧經持珠，杖則倚肩，植杖而起，經珠乃閒，不行不立，不坐不臥，問師此時，經杖何在？

　　第十四位是伐那婆斯尊者：住在可住山中。蘇軾贊詩曰：心如死灰，形如槁木，神妙萬物，蒼岩骨肉，鐵磬誰鳴，容谷傳聲，呼之不聞，不呼眼睜。

　　第十五位是阿氏多尊者：住在鷲峰山中。蘇軾贊詩曰：勞我者皙，休我者黔，如晏如岳，鮮不僻淫，是哀駘它，澹

台滅明，名妍於心，得法眼正。

第十六位是注荼半托迦尊者：他是第十位半托迦尊者的弟弟注荼半托迦尊者，即「小路邊生」，他哥哥聰明而他愚鈍。蘇軾贊詩曰：以口說法，法不可說，以手示人，手去法滅，生滅之中，自然真常，是故我法，不離色聲。

第十七位是迦葉尊者：俗稱降龍羅漢，此乃清乾隆皇帝欽定。

第十八位是彌勒尊者：俗稱伏虎羅漢，此乃清乾隆皇帝欽定。

十八羅漢是怎麼來的呢？唐玄奘大師西行取經時帶回的《大阿羅漢難提密多羅所說法住記》(下稱《法住記》)說，慶友尊者即「難提密多羅」在涅槃時，將住世十六大阿羅漢的名號告知大眾，十六羅漢即被廣泛弘傳。世人為十六羅漢造像時，出於尊敬，將慶友尊者和玄奘大師加進去，於是十六羅漢就演變成十八羅漢，只是兩位添加羅漢的名號時有變化，直到清乾隆年間，由皇帝欽定為降龍和伏虎兩羅漢，十八羅漢的名號在中土才基本確定下來。

70

佛教護法天龍八部

天龍八部是指天眾、龍眾、夜叉、阿修羅、迦樓羅、乾闥婆、緊那羅、摩呼羅迦八類佛教的護法神。部，這裡是門類、類別之意。八部，是八個類別。天龍八部因以天眾和龍眾為首，故稱天龍八部。天龍八部又稱龍神八部、八部眾。

一、**天眾**。天，就是天神；天眾，就是天這一類的眾神，即眾天神。護法二十諸天的大梵天、帝釋天、四大天王、韋馱、閻王等即是。帝釋天是眾天神的領袖。二十諸天的地位崇隆，經常被供奉在佛寺大雄寶殿的兩側。如杭州靈隱寺、北京大慧寺、普陀山慧濟寺等，都嚴格地依此遵行。

二、**龍眾**。龍，是指神龍；龍眾，就是眾神龍。佛經上說有無數龍王，專管興雲降雨。佛經中的龍，和我國傳說中的龍的形象大致差不多，不過沒有腳。事實上，中國人對龍和龍王的觀念，主要是從佛經中來的。眾龍王中娑竭羅龍王最出名，因它的女兒就是後來成佛的龍女。

三、**夜叉**。又譯為藥叉，是佛經中的一種鬼神。夜叉的本義是能吃鬼的神，又有敏捷、勇健、輕靈、秘密等意

北京大慧寺部分天眾彩塑

思。夜叉的種類多,有地夜叉、虛空夜叉、飛行夜叉,還有巡海夜叉等;夜叉的數量大,北方毗沙門天王手下有夜叉八大將,佛教還有十六大夜叉(藥叉)將。每一位大夜叉將屬下各有七千小夜叉,合起來就有十一萬餘個夜叉。

　　在佛經中,夜叉的基本形象是好的。夜叉八大將的任務是維護眾生界,是好夜叉。地獄迷信流傳以後,夜叉又以陰間小鬼的身份,充當起地獄中施行刑法的鬼卒。夜叉神的形象在佛教寺院裡和石窟造像中可以經常看到。北京法源寺毗盧殿中,頂天立地的千佛雕像及其上的五方佛安置在一個巨大的石製彌座上,石座四面雕刻有張牙舞爪的鬼形托扛力士之像,這些小神就是夜叉神。而在雲岡石窟中所鑿之塔的最下層,有怒髮上衝、突眼暴腮的類似鬼形的托扛人像,塔的每一層中有兩個作守護狀的武士神像;有些窟室大門的兩側,雕有手持三股叉的陰森的力士護衛神

像，這些都是夜叉造像。河北省正定縣隆興寺集慶閣內地藏菩薩須彌座四周，亦有惟妙惟肖的夜叉雕像，令人百看不厭。需要多說一句的是，古印度的母夜叉形象都是年輕貌美、身材火辣的女性。她們進入漢傳佛教後，不知為何，變成了張牙舞爪、醜陋不堪的母夜叉。

四、阿修羅。梵語，意譯「不端正」，有容貌醜陋之意。在古代印度神話中，阿修羅最初是主管道德和社會的神族。漢傳佛教中彌勒菩薩的原型就是古印度最著名的神密特拉。後來，阿修羅被演繹成一個惡神，男的是著名醜男，女的是絕色佳人。阿修羅王常常和帝釋天戰鬥，因阿修羅有美女而無美食，而帝釋天有美食而無美女，相互妒忌搶奪，互相殺伐。人們把他們爭戰的屍橫遍野的戰場叫「修羅場」。佛教將這個惡神收為正義的護法神。

五、乾闥婆。婆羅門教崇拜的一群神，是服侍帝釋天的樂神之一，身上發出濃鬱的香氣。但須說明的是，乾闥婆是男性神。其狀貌說法不一：有的說是捲髮，手執光輝的武器；有的說身上多毛，半人半獸；有的說風采很美。乾闥婆是一種不吃酒肉、只尋香氣以為滋養的守護神。乾闥婆在梵語中又有「變幻莫測」的意思，魔術師也叫乾闥婆。海市蜃樓叫作「乾闥婆城」。

六、迦樓羅。它是印度神話中的一隻巨鳥，為主神毗濕奴的坐騎。漢傳佛教稱之為金翅鳥或金鳥神。兩隻翅膀生有特殊的顏色，張開有三百三十六萬里。頭上長有一個

美麗的大瘤，是如意珠。以龍為食，可除掉毒龍，每天要吃一龍王和五百條小龍。到命終時，諸龍吐毒，無法再吃，於是上下翻飛七次，飛到金剛輪山頂上命終。因為它一生以龍（大毒蛇）為食物，體內毒氣極多，臨死時，毒發自焚。肉身燒去後只餘一心，作純青琉璃色。中國傳統小說《西遊記》等，認為迦樓羅是大鵬金翅鳥轉世。泰國國徽使用的就是人身鳥翅的迦樓羅造型。

七、緊那羅。歌神。人身馬首，或馬身人首。一說是梵天的腳趾演變來的，一說是印度教眾生之主迦葉波的兒子。善於歌舞，是帝釋天的歌神之一。緊那羅專門演奏規範的法樂，乾闥婆專奏民間的俗樂。緊那羅在梵語中為「人非人」之意。他的狀貌和人一樣，但頭上生了一隻角，所以稱為「人非人」。

八、摩呼羅迦。大蟒神。人身而蛇頭。古印度是一個信仰蛇神的國家，因此蛇也成了護法神。相對於龍眾，摩呼羅迦又稱地龍。香港導演徐克的電影《青蛇》有一首插曲，名字叫《莫呼洛迦》，是由台灣歌星辛曉琪演唱的，感興趣的讀者不妨找來聽聽。

「天龍八部」原為佛教用語，後被當代著名作家金庸用作書名。《天龍八部》這部小說裡沒有神道精怪，只是借用這個佛經名詞，以象徵大千世界之中形形色色的人物。《天龍八部》於1963年開始在《明報》及新加坡《南洋商報》同時連載，前後寫了四年，完成於1966年，是金庸最著名的武俠小說之一。

71

地獄法官四大判官

四大判官是陰界僅次於十殿閻王的高級官員。他們是掌握大權的司法高官，具體掌管賞善司、罰惡司、陰律司、查察司。而查察司是掌管人間生死簿的，權力最大，居四司之首。查察司的判官為首席判官，是崔判官。

崔判官的具體情況，在明代小說家吳承恩撰寫的《西遊記》第十回、第十一回，有詳細的記敍。話說唐太宗忽然患了重病，一病不起。在彌留之際，老臣魏徵出現了。他手扯龍衣，奏道：「陛下寬心，臣有一計，管保陛下長生。」太宗道：「病勢已入膏肓，命將危矣，如何保得？」徵云：「臣有書一封，進與陛下，捎去到冥司，付豐都判官崔珏。」太宗道：「崔珏是誰？」徵云：「崔珏乃是太上先皇帝駕前之臣，先受茲州令，後升禮部侍郎。在日與臣八拜為交，相知甚厚。他如今已死，現在陰司做掌生死文簿的豐都判官，夢中常與臣相會。此去若將此書付與他，他念微臣薄分，必然放陛下回來。管教魂魄還陽世，定取龍顏轉帝都。」太宗聞言，接在手中，籠入袖裡，遂瞑目而亡。

卻說太宗渺渺茫茫，魂靈縹緲而去。有一人高聲大叫

道：「大唐皇帝，往這裡來，往這裡來！」太宗聞言，抬頭觀看，只見那人：

頭頂烏紗飄軟帶，腰圍犀角顯金廂。手擎牙笏凝祥靄，身着羅袍隱瑞光。腳踏一雙粉底靴，登雲促霧；懷揣一本生死簿，注定存亡。鬢髮蓬鬆飄耳上，鬍鬚飛舞繞腮旁。昔日曾為唐國相，如今掌案侍閻王。

這種打扮，活像一個跳梁小丑。唐太宗看到的正是如此打扮的陰界首席判官崔珏。

於是，唐太宗和崔珏接上了頭，並把魏徵的介紹信當面交給了崔珏。崔珏讀完信後，說道：「今日既有書來，陛下寬心，微臣管送陛下還陽，重登玉闕。」表示一定幫忙，讓唐太宗重回陽間，再登大位。看起來，這個後門是走對了。

後來十殿閻王會審唐太宗。十王命掌生死簿判官：「急取簿子來，看陛下陽壽夭祿該有幾何？」崔判官急轉司房，將天下萬國國王天祿總簿逐一檢閱。只見南贍部洲大唐太宗皇帝注定貞觀一十三年，崔判官吃了一驚，急取濃墨大筆，將「一」字上添了兩畫，卻將簿子呈上。十王從頭看時，見太宗名下注定三十三年，閻王驚問：「陛下登基多少年了？」太宗道：「朕即位，今一十三年了。」閻王道：「陛下寬心勿慮，還有二十年陽壽。此一來已是對案明白，請返本還陽。」太宗聞言，躬身稱謝。十閻王差崔判官、朱太尉二人，送太宗還魂。唐太宗千恩萬謝，表示要給十王送南瓜。就這樣，唐太宗又回到了陽間，並坐了二十年皇位。

崔府君像，《新刻出像增補搜神記》，明金陵唐氏富春堂刊本，明萬曆元年，一五七三年

從這裡不難看出，首席判官崔珏擁有掌握生死的大權，甚至連皇帝的生死也在他的掌握之中。但是，崔珏的劣根性也暴露無遺，他並不是一個公正的判官。這說明陰界也是沒有公平可言的。

其實，崔珏的生平有一個更加可信的記載，就是《三教

源流搜神大全》對崔玨的詳盡介紹。崔玨，字子玉，祁州鼓城人（今河北晉縣）。父親崔讓五十歲時還沒有後代，便與妻子商量說：「我平日常存濟物之心，今何無嗣？不如與你共發虔誠，到北嶽去祈禱。」於是二人同到北嶽祠下祈子。當夜，夫妻夢一仙童手擎一盒，說：「帝賜盒中之物，命你們夫妻吞之。」打開一看，盒中有美玉兩塊，二人各吞其一，自後有娠，並於隋煬帝大業三年（公元 607）六月六日降生一子，神采秀美，異於常人。因其父母曾夢各吞一玉，故取名「玨」（「玨」為合在一起的兩塊玉），字子玉。

崔玨幼而向學，凡事過人。唐太宗貞觀年間，被朝廷召用，任潞州長子縣（今屬山西省）縣令、磁州滏陽縣（今河北磁縣）縣令。崔玨為官正直無私，洞察秋毫，郡人皆言其「晝理陽間，夜斷陰府」。崔玨任衛州衛縣（今河南淇縣東北）縣令時，夏天洪水氾濫，淹沒農田。崔玨於河上設壇，以詞奏於上帝。少項，有一蛇浮於水面而死，洪水隨即退去。郡人爭立生祠紀念他。

崔玨的死具有神秘色彩。一天，崔玨正與一老人下棋，忽有幾個黃衣使者執符前來拜見，說「奉上帝命」云云。接着，又有五嶽衛兵等百餘人皆來叩拜，復有一神騎白馬至。崔玨說：「你們稍等一會兒。」於是，招呼二子說道：「我就要離開人世，你們不必難過。」然後，寫了一篇百字銘，送給兩個兒子，便去世了。享年六十四歲。

從這裡看，崔玨是一個俊美男子，不是一個跳梁小丑。

72

佛祖衛士哼哈二將

哼哈二將本是指佛國的金剛力士。金剛力士，就是手執金剛杵在佛國從事護法工作的衛士。傳說是由密跡金剛分身而來。密跡金剛，又叫金剛密跡、密跡力士，是手持金剛杵給佛擔任警衛的夜叉神的衛士長。

傳說密跡金剛的出身不凡，乃顯赫的法意太子。他為有機會親近佛祖，便發誓要皈依佛門，當個金剛力士。後來，他果然如願以償，當上了密跡金剛。再後來，他又將自身一分為二，分化成兩個金剛力士，專門把守佛寺的山門，成為哼哈二將，為佛教護法神。佛教寺院門口，常能見到他們拱衛於兩側，相向而立。他們一哼一哈，身披重甲，體魄雄偉，面目猙獰，令人怵目驚心，誠惶誠恐。兩位門神的主要區別在於開口閉口之間。

還有一說，認為他們是佛教中的一對仁王，一名密跡金剛，一名那羅延天。那羅延天，亦稱那羅延，起源於印度教。他在印度教中可不是看門的小神，而是毗濕奴的化身，甚至有時還是梵天的化身。毗濕奴派經典《龜往世書》認為那羅延就是毗濕奴，是該派的最高神。在古印度史詩《摩訶婆羅

哼哈二將，《封神真形圖》，清代墨繪本

多》中，大英雄那羅（阿周那）是那羅延的朋友。那羅延經常為那羅出謀劃策。如此高大上的神為何會淪落為漢傳佛教裡的看門神呢？目前尚無解釋。

哼哈二將是中國佛教的創造。明朝小說家許仲琳所著的《封神演義》的風行，令哼哈二將家喻戶曉。小說裡的哼將叫鄭倫，哈將叫陳奇。他們都身懷奇術。鄭倫本是殷紂王朝的大將，曾在西崑崙度厄真人門下為徒。學會運用竅中二氣，拿鼻孔一哼，聲震山嶽，頓時噴出兩道白光，能攝人魂魄。周武王伐紂時，鄭倫與周兵對陣，常用此法取勝。後來鄭倫被周兵所獲，降了周朝，當上了三運總督官。陳奇是殷紂王朝的督糧上將軍。他曾受異人秘傳，在肚皮裡煉成一股黃氣，與人爭鬥，張口一哈，黃霧瀰漫，聲如雷滾，見之者魂飛魄散。憑着這套本事，他常常打敗周兵。有一次，陳奇與鄭倫彼此在陣上一哼一哈，只攪得天昏地暗，日月無光。

《封神演義》第七十四回「哼哈二將顯神通」，描寫了他們之間的一場惡戰。鄭倫上了金睛獸，提降魔杵，領本部三千烏鴉兵出營來。見陳奇也是金睛獸，提蕩魔杵，也有一隊人馬，俱穿黃號色，也拿着撓鈎套索。鄭倫心下疑惑，乃至軍前大呼曰：「來者何人？」陳奇曰：「吾乃督糧上將軍陳奇是也。你乃何人？」鄭倫曰：「吾乃三運總督官鄭倫是也。」鄭倫問曰：「聞你有異術，今日特來會你。」鄭倫催開金睛獸，搖手中降魔杵，劈頭就打。陳奇手中蕩魔杵赴面交還。二獸

交加，一場大戰。後來，鄭倫遇到牛怪出身的金大升，大升噴出一塊碗大的牛黃，一下子打中了鄭倫的鼻孔，鄭倫跌下馬來，被一刀揮為兩段。陳奇也被周營中的小將哪吒用乾坤圈打傷了胳膊，又被黃飛虎趁勢一槍刺死。兩個人的陰魂，都直奔封神台而去。戰事結束，姜子牙封鄭倫、陳奇為哼哈二將，鎮守西釋山門，護衛佛法。

北京戒台寺山門殿裡的哼哈二將，高二丈餘，體魄健壯，面目猙獰。一個張口呼哈，一個閉口怒哼。這是著名的彩塑哼哈二將造像。

73

太上老君護衛青龍白虎

青龍，亦作蒼龍。古代神話中的東方之神。即二十八宿中之東方七宿 —— 角、亢、氐、房、心、尾、箕。因其組成龍像，位於東方，色青（按陰陽五行給五方配五色之說），故稱。

白虎是古代神話的西方之神。即二十八宿中之西方七宿 —— 奎、婁、胃、昴、畢、觜、參。因其組成虎像，位於西方，色白（按陰陽五行給五方配五色之說），故稱。

所謂青龍的龍像與白虎的虎像，都是古人的附會，並不是真的就像龍、像虎。

青龍、白虎、朱雀、玄武等稱謂，則是源於古人的星宿崇拜。早在戰國時期，我國就有了「二十八宿」和「四象」之說。所謂「二十八宿」，是我國古代天文學家將黃道（即太陽和月亮所經天區）的恆星分為二十八個星座，稱「二十八宿」。「宿」是指星的位次和集合體，即一撮星。

二十八宿以北斗（大熊星座）斗柄所指角宿為起點，由西向東排列，它們的名稱與四象形成了對應關係。

青龍、白虎、朱雀（即朱鳥）、玄武，合稱四方四神。《禮記‧曲禮上》：「行前朱鳥而後玄武，左青龍而右白虎。」孔穎達疏：「朱鳥、玄武、青龍、白虎，四方宿名也。」

道教常以青龍、白虎、朱雀、玄武作護衛神，以壯威儀。太上老君就以四神為護法神。東晉葛洪著《抱樸子‧雜應》描述了太上老君的護衛形象：「左有十二青龍，右有二十六白虎，前有二十四朱雀，後有七十二玄武。」

四神都有名字。北宋張君房著《雲笈七籤》指出：「左有青龍名孟章，右有白虎名監兵，前有朱雀名陵光，後有玄武名執明，建節持幢，負背鐘鼓，在吾前後左右，周匝數千萬重。」這裡指出了四神的名字。青龍神叫孟章，白虎神叫監兵，朱雀神叫陵光，玄武神叫執明。

青龍神孟章神君，白虎神監兵神君，二位的職責是守衛道觀山門，就如同佛寺山門中的哼哈二將。武當山巍峨的紫霄宮山門，一左一右矗立着青龍、白虎兩尊神像。他們高大雄偉，着鎧持械，威嚴肅穆，形神畢肖。這是元代著名宗教雕塑家劉元一派的傳世佳作，十分珍貴。

74

地府鬼卒牛頭馬面

牛頭馬面是所謂陰曹地府的鬼卒。他們有着奇特的造型。牛頭鬼，是牛頭人身；馬面鬼，是馬面人身。在陰界，他們是數量最大的一群。有的佛經說，阿鼻地獄中，「獄卒數萬餘人，總是牛頭馬面」。可見，他們的數量之多了。在神魔小說、志怪筆記和妖魔戲劇中，我們總可以看到牛頭馬面的身影。他們有時是類似於戲劇當中的小丑一樣的角色，很受觀眾或讀者的喜愛。

牛頭馬面來自佛教。牛頭又叫阿傍、阿防。東晉曇無蘭譯《五苦章句經》說：「獄卒名阿傍。牛頭人手，兩腳牛蹄，力壯排山，持鋼鐵叉。」可見，獄卒阿傍就是牛頭鬼的雛形。

至於為甚麼他變成了如此模樣，是因為在陽間他不孝順父母，死後就變成了牛頭人身的鬼卒。這一說法，出自東晉曇無蘭譯《佛說鐵城泥犁經》。

馬面又叫馬頭羅刹。羅刹為惡鬼，故馬頭羅刹即馬頭惡鬼。他與牛頭是老搭擋，是可愛的一對。他們在陰間的地位，有如人間的衙役。如小說、戲劇中衙門裡的張千、李萬、董超、薛霸等。

清朝袁枚寫了一個牛頭馬面知恩必報的有趣故事。這個故事的篇名叫《洗紫河車》，載在袁枚的筆記小說《子不語》上。

話說四川豐都縣皂隸丁愷，持文書往夔州投遞，須過鬼門關。至陰陽界碑下，不覺走出界外迷了路，只好放任而行。至一古廟，神像剝落，其旁牛頭鬼像，蒙灰絲蛛網而立。丁愷見廟中無僧，便以袖拂去牛頭身上塵網。

又走二里許，見一婦人臨河洗菜。離近細看，竟是亡妻。妻見之大驚，問其從何而來。丁愷相告，又詢問亡妻情況。亡妻說：「妾亡後，為閻羅王隸卒牛頭鬼所娶。所洗者，即世上胞胎，俗名『紫河車』。洗十次者，生兒清香且貴；洗三次者，中常之人；不洗者，昏愚之人。閻王以此事分派諸牛頭管領，我代夫洗之。」丁愷問妻子：「可使我還陽否？」妻說：「待與新夫商之。」遂邀至其家。

不久，外面敲門。丁懼，伏床下。妻開門，牛頭鬼入，曰：「有生人氣！」妻拉出丁，叩頭，告之故，代為哀求。牛頭說：「這個人不單因是妻之前夫才救他，實為他有德於我。我在廟中蒙灰滿面，此人為我拭淨，是個好人。我明日去判官處偷查生死簿，便知如何。」

次日牛頭出，及暮歸，高興地賀道：「已查，汝陽壽未終，明天我正好出差，送你出界。」又拿過一塊腐肉，道：「以此贈汝，可發大財。」解釋道：「此河南富人張某身上肉。張有惡行，閻王擒而鈎其背於鐵錐山。半夜肉潰，逃脫。現

牛頭像，《真禪內印頓證虛凝法界金剛智經》，三卷

在陽間，患發背瘡，千醫不愈。汝往，將此肉研碎，敷之即愈，必得重酬。」丁愷拜謝，遂同出關，牛頭即不見。

後丁愷至河南，果有張姓財主患背瘡，照方醫治痊癒，酬之五百金。

小說生動逼真地塑造了一個很有人情味的牛頭鬼形象。袁枚明寫陰界的鬼，實是暗襯陽界的人。他在提倡一種濃厚的人性。

現在，某些寺廟裡，還可以看到牛頭馬面的塑像。

第六章

行業神

字神蒼頡

中國神話傳說中的造字神是蒼頡。蒼頡，一作倉頡。蒼頡是神話傳說中的人物，有的說是黃帝的史官，有的說是古代帝王，有的說和史皇是同一個人。

黃帝史官說。《世本‧作篇》：「黃帝使蒼頡作書。」東漢許慎著《說文‧序》云：「黃帝之史倉頡，見鳥獸蹄迒之跡，知分理之可相別異也，初造書契。百工以乂，萬品以察。」西漢劉安著《淮南子‧本經》云：「蒼頡作書而天雨粟，鬼夜哭。」這是說，蒼頡是黃帝的史官，黃帝派他製造文字。蒼頡從飛鳥走獸的爪蹄痕跡中得到啟發，了解了蹄跡區分的道理，從而使製造的文字能夠互相區別開，初步製造了文字。有了文字，百工可以治理，萬品得以體察。蒼頡造字是一件大事，上天因此落下粟米，鬼怪因此夜間啼哭。真是驚天地，泣鬼神。

古代帝王說。清黃奭著《漢學堂叢書》云：「倉帝史皇氏，名頡，姓侯岡。龍顏侈哆，四目靈光，實有睿德。生而能書。於是窮天地之變，指掌而創文字。天為雨粟，鬼為夜哭，龍乃潛藏。」這是說，蒼頡是一個帝王，通稱史皇氏，名字是侯岡頡。他的相貌奇特，龍顏莊嚴，四目靈光，本身具有高尚的道德。因此，生來就能夠書寫文字。於是，蒼頡

能夠透徹地了解天地的變化，在很短的時間裡，就創造了文字。這個驚世的壯舉，使上天落下了粟米，鬼怪夜間啼哭，蛟龍潛藏大海。

史皇本人說。史皇是黃帝的臣子，是第一個開始繪畫的人。西漢劉安著《淮南子》云：「史皇產而能書。」高誘註：「史皇，蒼頡。」清黃奭著《漢學堂叢書》云：「倉帝史皇氏，名頡，姓侯岡。」說的是蒼頡和史皇為同一個人。但也有說是兩個人的。史皇作畫，蒼頡作書，傳說有所不同。看起來，說是兩個人比較順當。

通行的說法，還是說蒼頡是黃帝的史官，採納了第一說。蒼頡發明了文字，故古代以文字工作為職業的胥吏們奉蒼頡為祖先，尊其為「倉王」。胥吏們處理文件，時時離不開文字，自然要敬奉蒼頡了。

有一個關於蒼頡的傳說，在民間十分流行。

相傳蒼頡在黃帝手下當官。黃帝分派他專門管理圈裡牲口的數目、屯裡食物的多少。蒼頡這人挺聰明，做事又盡心盡力，很快熟悉了所管的牲口和食物，難得出差錯。可慢慢的，牲口、食物的儲藏在逐漸變化，有時增加，有時減少，光憑腦袋記不住了。當時又沒有文字，更沒有紙和筆。怎麼辦呢？蒼頡犯難了。蒼頡整日整夜地想辦法。先是在繩子上打結，用各種不同顏色的繩子，表示各種不同的牲口、食物，用繩子打的結代表每個數目。但時間一長，就不奏效了。這增加的數目在繩子上打個結很便當，而減少數

目時，在繩子上解個結就麻煩了。蒼頡又想到了在繩子上打圈圈，在圈子裡掛上各式各樣的貝殼，來代替他所管的東西。增加了就添一個貝殼，減少了就去掉一個貝殼。這法子挺管用，一連用了好幾年。

黃帝見蒼頡這樣能幹，叫他管的事情愈來愈多，年年祭祀的次數、回回狩獵的分配、部落人丁的增減，也統統叫蒼頡管。蒼頡又犯愁了，憑着添繩子、掛貝殼已不抵事了。怎麼才能不出差錯呢？

這天，他參加集體狩獵，走到一個三岔路口時，幾個老

蒼頡像，《三才圖會》，明王圻、王思義撰輯，明萬曆三十七年原刊本，一六〇九年

人為往哪條路走爭辯起來。一個老人堅持要往東，說有羚羊；一個老人要往北，說前面不遠可以追到鹿群；一個老人偏要往西，說有兩隻老虎，不及時打死，就會錯過機會。蒼頡一問，原來他們都是看着地下野獸的腳印才認定的。蒼頡心中猛然一喜：既然一個腳印代表一種野獸，我為甚麼不能用一種符號來表示我所管的東西呢？

他高興地拔腿奔回家，開始創造各種符號來表示事物。果然，把事情管理得頭頭是道。黃帝知道後，大加讚賞，命令蒼頡到各個部落去傳授這種方法。漸漸地，這些符號的用法，全面推廣開了。就這樣，形成了文字。

蒼頡廟和墓位於陝西省白水縣史官鄉。按碑記，該廟在東漢漢桓帝延熹五年（162），已經具有相當的規模。至於其創建於何時，尚無從查考。

蒼頡廟佔地十七畝。蒼頡廟前，有一副對聯：「明四目而製六書萬世文字之祖；運一心以贊兩儀千古士儒之師。」廟內建有後殿、正殿、獻殿、前殿、戲樓、鐘樓、鼓樓等，建築規模宏大，氣勢雄偉。後殿內塑有「四目重光」的蒼聖像，四隻眼睛，神光四射，這是根據古籍「四目靈光」的記載雕塑的。正殿後殿陳列着歷代碑刻，其中有「蒼聖鳥跡書碑」等。後殿後面是蒼聖墓，墓塚高 3.2 米，周圍 44 米。墓頂有古柏一株，人稱「轉枝柏」，蓋因其形態奇特，四面樹枝隔年輪流榮枯而得名。如今，這裡是陝西省重點文物保護單位。

匠神魯班

魯班是我國名聲最大、影響最久的行業神。魯班，姓公輸，名般，又稱公輸般、公輸子；因為他是魯國人，「般」與「班」同音，古時通用，所以後世稱他為魯班。魯般生於魯定公三年（公元前 507），卒年不詳。他是我國古代一位優秀的手工工匠和傑出的發明專家。相傳他在手工機械、木工工具、土木建築等方面有多項創造發明，留下了許多動人的故事。兩千多年以來，他一直被土木工匠們視為祖師，是匠神。

魯班是手工工匠中的天才。《孟子・離婁》云：「公輸子之巧。」趙岐註：「公輸子，魯班，魯之巧人也。」孟子讚揚魯班是魯國的靈巧之人，決非偶然。西漢劉安著《淮南子・齊俗》云：「魯般、墨子，以木為鳶而飛之，三日不集。」是說魯班和墨子一起，用木材製造了老鷹，老鷹居然在天空中飛翔了三天而不落下。還有更加離奇古怪的傳說。東漢王充著《論衡・儒增》云：「世傳言曰，魯班巧，亡其母也。言巧工為母作木車馬。木人御者，機關備具，載母其上。一驅不還，遂失其母。」這是說，世間傳言，魯班太過智慧靈巧了，以致丟掉了母親。說魯班為他的母親製作了木質的車馬，準備用木頭人駕馭車馬。所有的機關都備齊了，將他

的母親請到了車馬上。木頭人御者趕起車馬，一瞬間，母親就不見了。這裡暗指魯班的母親升天為仙了。

魯班是個心靈手巧的工藝家，還很擅長繪畫。北魏酈道元著《水經注·渭水》云：「（渭橋）舊有忖留神像。此神嘗與魯班語。班令其人出。忖留曰：『我貌很醜，卿善圖物容，我不能出。』班於是拱手與言，曰：『出頭見我。』忖留乃出首。班於是以腳畫地。忖留覺之。便還沒水。故置其像於水，唯背以上立水上。」魯班不僅能夠用手畫畫，還可以用腳畫畫。

公元前 450 年以後，魯班從魯國來到楚國，幫助楚國製作兵器。他曾創製了威力較大的攻城器械雲梯，並準備以此來進攻宋國，他為此與當時的著名學者墨子發生了辯論，兩人展開了一場攻城與守城的演習，魯班想盡各種辦法進行攻城，都被墨子一一化解。墨子主張製造實用的生產工具，以造福老百姓，反對為戰爭製造武器。魯班接受了墨子的這種思想，於是便把精力投入到木工工具、機械等各種實用技術上，埋頭從事各種發明創造，留下了很多美麗動人的傳說和故事。

魯班發明鋸的故事，千百年來就一直流傳在民間。相傳有一次，上山的時候，他無意中抓了一把野草，卻一下子將手劃破了。他摘下了一片葉子來細心觀察，發現葉子兩邊長着許多小細齒，用手輕輕一摸，這些小細齒非常鋒利。他明白了，他的手就是被這些小細齒划破的。這使魯班受到很大啟發。於是他就用大毛竹做成一條帶有許多小

鋸齒的竹片，然後到小樹上去做試驗，試驗成功了。但是，由於竹片比較軟，強度比較差，不能長久使用，魯班就製作了帶有小鋸齒的鐵片，鋸就這樣發明了。

但是，青海柳灣彩陶有一把卡約文化的骨鋸，卻反駁了魯班發明鋸子的傳說。這把古鋸是用獸骨磨製而成，大約二厘米長。由於歲月的侵蝕，略顯殘舊。不能小看這把骨鋸。據史料記載，魯班是鋸子的發明人。但是，這一把展出的骨鋸屬於公元前 1600 年卡約文化，距今已有近四千年的歷史，遠遠早於魯班所生活的春秋時代，所以鋸子不可能是魯班發明的。

魯班在長期的木工實踐中，需要經常與木頭打交道，發現了許多可以進行改進的技術問題。魯班發明了刨子。有了這種工具，就可以把不平的木頭刨平。其他如鑽、鏟、鑿子、墨斗（木工畫線用的）和曲尺等，傳說都是魯班發明的。其中曲尺，後人稱之為魯班尺，是木工用以求直角的，至今仍為木工所使用。在魯班的發明工作中，他的母親和妻子對他的幫助很大。例如，魯班在做木工活，用墨斗放線的時候，都是由他的母親拉住墨線的一端，他自己拉住另一端，以便彈墨放線。魯班設計了一個小彎鈎，操作簡便，只需一個人就行了。後來木工就把這個小彎鈎稱為「班母」。又如，刨木料時頂住木料的卡口，人們稱之為「班妻」。據說這是因為魯班以前刨木料時候，都是由他妻子扶着木料，後來他發明了卡口，才不用他妻子幫忙了。

魯班還是一位傑出的機械發明家，發明創造了多種簡單

機械裝置。如魯班曾對古代的鎖進行了重大改進。鎖在我國奴隸社會的周代就已經出現，其形狀像一條魚，構造簡單，安全性差。經過魯班改進後，鎖的機關設在裡面，外表不露痕跡，只有借助配好的鑰匙才能打開，具有很強的安全性和實用性。南朝梁任昉著《述異記》記道：「天姥山南峰，昔魯班刻木為鶴，一飛七百里。後放於北山西峰上。漢武帝使人往取，遂飛上南峰，往往天將雨則翼翅搖動，若將奮飛。」是說魯班製作了木鶴，可飛七百里。

在兵器方面，鈎和梯是春秋末期常用的兵器。史書記載，魯班曾將鈎改製成舟戰用的「鈎鉅」，楚國軍隊曾用此兵器與越國軍隊進行水戰，發揮了很大的作用。越船後退就可以鈎住它，越船前進又可以進行阻擋，既能攻又能守，頗具威力。魯班還曾將梯改造成可以凌空而立的雲梯，用以越過城牆攻佔城池，非常有效。在雕刻和建築方面，魯班也有很多發明和貢獻。唐段成式著《酉陽雜俎》記道：「（魯班）於涼州造浮圖，作木鳶。」建造了佛塔，製作了木鷹。南朝梁任昉著《述異記》記載：「魯班刻石為九州圖，今在洛城石室山。」這石頭刻製的九州圖，可能是我國最早的石刻地圖。

有人認為，魯班被尊為建築業的鼻祖，遠遠不夠。魯班不光在建築業有成就，在航天業，他發明了飛鳶，是人類征服太空的第一人；在軍事科學，魯班發明了雲梯、鈎鉅及其他攻城的武器，是一位偉大的軍事科學家；在機械方面，魯班很早就被稱為機械聖人。此外，還有很多民用、工藝等方面的成就。魯班是中國當之無愧的科技發明之父。

77

酒神杜康

中國古代神話傳說中的酒神是杜康。

杜康是甚麼時代的人？東漢許慎著《說文解字》云：「古者少康初作箕帚、秫酒。少康，杜康也。」是說少康發明了酒，而少康就是杜康，他們倆是一個人。少康歷史上實有其人。

夏朝第一代君主是禹，第六代君主是少康。也就是說，杜康是夏朝的第六代君主。元伊世珍著《瑯嬛記》卷中引《謝氏詩源》：「杜康造酒，因名酒曰杜康；故魏武《短歌行》曰：『何以解憂，唯有杜康。』」在古代，人們就認為杜康是最先發明造酒的人。

杜康是甚麼地方的人呢？大體有三說：一是河南汝陽縣；二是陝西白水縣；三是河南伊川縣。

一是河南汝陽縣說。傳說杜康出生於河南汝陽縣杜康村。洛陽龍門南，有河名杜康河，原名空桑澗，相傳即伊尹生空桑之地。東周時杜康家即住此澗邊。史載：杜康牧羊於空桑澗，「餘粥棄於桑，鬱積成香，竟有奇味，杜康嘗而甘美，遂得釀酒之秘」，杜康常將食剩之飯，傾入空桑樹洞中，日久樹中遂有馥郁香氣發出，康乃據此釀而成酒。杜康被周平王封為酒仙，杜康酒被封為宮廷御酒，杜康造酒之處被封為杜康仙莊。因而，才有魏武帝曹操「何以解憂，唯

有杜康」的感歎，唐代詩聖杜甫「杜酒頻勞勸，張梨不外求」的自豪，宋代理學家邵雍「吃一輩子杜康酒，醉樂陶陶」的絕唱。杜康酒是中國最古老的歷史名酒，因杜康始造而得名，距今已有數千年的歷史。

二是陝西白水縣說。清高宗乾隆十九年（1754）重修的《白水縣志》中，對杜康有過記載。白水縣，位於陝北高原南緣與關中平原交接處。因流經縣治的一條河水底多白色而得名。白水縣歷史悠久，因有四大賢人遺址而名蜚中外：一位是字神蒼頡，一位是窯神雷祥，一位是紙神蔡倫，一位是酒神杜康。傳說杜康出生在白水縣的康家衛。

白水縣康家衛是一個小村莊，西距縣城七八公里。村邊有一道大溝，長約十公里，最寬處一百多米，最深處也近十米，人們叫它杜康溝。溝的起源處有一泉眼，四周綠樹環繞，草木叢生，名杜康泉。泉水清冽，甘爽適口。縣志上說俗傳杜康取此水造酒，鄉民謂此水至今有酒味。清流從泉眼中汩汩湧出，沿着溝底流淌，最後匯入白水河，人們稱它為杜康河。杜康泉旁邊的土坡上，有杜康墓，以磚牆圍護着，傳說是杜康埋骸之所。杜康廟就在墳墓左側，鑿壁為室，供奉杜康造像。可惜廟與像均毀於「文革」十年浩劫。

三是河南伊川縣說。傳說杜康出生於此，並在此造酒。清宣宗道光十八年（1838）重修的《伊陽縣志》和清宣宗道光二十年（1840）修的《汝州全志》中，都有過關於杜康遺址的記載。《伊陽縣志》中《水》條裡，有「杜水河」一語，

釋曰「俗傳杜康造酒於此」。《汝州全志》中說：（杜康叭）「在城北五十里」處。今天，這裡倒是有一個叫杜康仙莊的小村，人們說這裡就是杜康叭。「叭」，本義是指石頭的破裂聲，而杜康仙莊一帶的土壤又正是山石風化而成的。從地隙中湧出許多股清冽的泉水，匯入旁村流過的一小河中，人們說這段河就是杜水河。在距杜康仙莊北約十多公里的伊川縣境內，有一眼名叫「上皇古泉」的泉眼，相傳也是杜康取過水的泉眼。

當然，杜康的這些出生地都是歷史傳說。

如今汝陽縣、白水縣和伊川縣都出產杜康酒。三處的產品合在一起，年產量達一萬多噸。這恐怕是杜康當年所無法想像的。造酒不是某個人的功勞，杜康是古代勞動人民在造酒技術上的總代表。杜康的造酒技術是古代人造酒技術的結晶。

陝西白水縣的杜康祭祀節，熱鬧非凡。相傳陰曆正月二十一日是杜康誕辰。這一天，人們帶上供品，到這裡來祭祀，組織「賽享」活動。搭台演戲，商賈雲集，摩肩接踵，熙熙攘攘，直至日落。如今，杜康墓和杜康廟均在修整，杜康泉上已建好一座涼亭。亭呈六角形，紅柱綠瓦，五彩飛檐。楣上繪着「杜康醉劉伶」「青梅煮酒論英雄」故事圖畫。據考古工作者在這一帶發現的殘磚斷瓦考定，商朝時，此地確有建築物。

78

窯神童賓

窯神是中國古代陶瓷業供奉之神。古代陶瓷業供奉的神，往往是地方神。

陶瓷的歷史源遠流長。漢代的陶瓷，雖然火度低、質地脆，但已有相當的規模。到了五代，最著名的瓷器是由後周世宗柴榮所燒製的紫陶，其器「青如天，明如鏡，薄如紙，聲如磬」，滋潤細媚，製精色絕，為古今瓷器之首。宋代、明代都是陶瓷業的高峰期。清代的作品則模仿痕跡較重，創新較少。中國古代的窯神很多，現在介紹三位。

第一位窯神。最著名的窯神是童賓。窯神，又叫風火神、風火仙師。江西景德鎮是我國的瓷都。早在北宋年間，朝廷派官員在此監製御用瓷器。明朝初年，明太祖朱元璋下詔在此建立御窯廠。在御窯廠內，有一座風火仙廟，廟內供奉的就是窯神童賓。關於童賓，史籍中多有記載。

清唐英著《火神童公傳》記載：「窯神，姓童名賓，字定新，饒之浮梁縣人。性剛直，幼業儒，父母早喪，遂就藝。浮地利陶，自唐宋及前明，其役日益盛。萬曆年間，內監潘相奉御董造，派役於民。童氏應報火，族人懼，不敢往，神毅然執役。時造大器累不完工，或受鞭笞，或苦飢羸。神惻然傷之，願以骨作薪，丐器之成，遽躍入火。翌日啟窯，果

得完器。自是器無弗成者。家人收其餘骸，葬鳳凰山，相感其誠，立祠祀之，蓋距今百數十年。」

另據《童賓家譜》記載：「當神之時，絲役繁興，刑罰滋熾，瑟縮於前，而涕泣狼狽於後？神聞役而趨，趨而盡其力，於工則已耳！物之成否，不關一人；器之美惡，非有專責。乃一旦身投烈焰，豈無妻子割值捨之痛與骨肉鍛煉之苦？而皆在不顧，卒能上濟國事而下貸百工之命也。何其壯乎！然則神之死也，可以作忠臣之氣而堅義士之心矣。神娶於劉，生一子曰儒。神赴火後，劉苦節教子，壽八十有五。儒奉母以孝聞。」

以上是說，童賓，字定新。生於明穆宗隆慶元年（1567）五月初二日午時。娶妻劉氏，子劉儒，祖上以燒瓷為業。明神宗萬曆年間（1573—1620 年），內監潘相奉旨，督促燒製大龍缸，要求剋日完成。但大龍缸燒成並非易事，每每失敗。監工太監潘相，心狠手辣，對窯工或棍棒交加，或飢餓勒逼，窯工敢怒不敢言。限期將至，若仍沒有燒成大龍缸，燒造大龍缸的相關人員將受嚴懲。童賓看在眼裡，急在心上。為了拯救同伴，自己毅然決然地跳進窯火中，用自己的生命為代價，換來了大龍缸的燒製成功，挽救了同伴的生命。眾人感動，立廟祭祀他，供奉其為窯神，也叫風火神。後來，每次燒窯前，都要燒香禮拜童賓，以求保佑燒窯成功。

第二位窯神。瓷鄉江西德化縣供奉的窯神是林炳。農曆五月十六，德化縣寶美村境內的祖龍宮最為熱鬧。這一

天，是祖龍宮供奉的窯神林炳當年受朝廷敕封嘉獎的日子。林炳身處北宋時期，距今已有九百餘年。那時，德化縣的陶瓷業已相當發達，「村南村北春雨晴，東家西家地碓聲」，描繪的就是當時德化縣陶瓷作坊遍佈鄉里的情景。

德化縣瓷窯密佈，但窯體窄小，容量有限。其微小的生產規模，滿足不了龐大的商品需求。燒製技術的落後，制約了德化陶瓷業的進一步發展。林炳順應發展，設計發明了圓拱形大窯爐，亦稱雞籠窯，不僅容量擴大了十幾倍，加之設計了煙囪拔焰消煙，熱度倍增，燒製出的瓷器更為潔白剔透。距離祖龍宮不遠的屈斗宮古窯，就是根據這種圓拱形大窯爐改進而成的。

關於林炳建成大型窯爐，還有一個美麗的傳說。傳說林炳在進行窯爐改革時，經歷了無數次的失敗。他非常苦惱。有一次，在倒塌的窯爐旁，身心俱疲的林炳不覺昏昏睡去。睡夢中，他感到一位仙女翩然而至。仙女在他面前解開衣襟，對他示意地指一指敗窯，又指一指自己的乳房，然後隱沒在雲霧之中。林炳醒來，細想仙女指點，突然有所領悟，於是將窯房砌成乳房樣的圓拱形大窯，兩旁再砌小奶窯，護住主窯房，這樣燒窯時就不再塌頂了，而且燒成的瓷器質優量多。後來，林炳又利用山坡地形，把幾個窯房穿連起來，這樣既能充分利用熱能，增加產量，又能使窯體更加牢固，也為此後演變發展成龍窯奠定了基礎。

因此，朝廷敕封林炳為「燒成革新先行」的稱號。那位

指點林炳的仙女，也被敕封為「玄女夫人」。有一個叫加藤四郎的日本人宋朝時來德化縣學習陶藝，將砌雞籠窯的技術帶回日本，砌成「德化窯」，並尊奉林炳為「陶祖神」。

為了感激玄女指點的恩德，瓷鄉德化縣塑造了玄女像，建玄女宮奉祀。後來，林炳赴江西傳藝，一去杳無音信。最後積勞成疾，客死他鄉。家鄉人懷念他，塑造林炳像安放於玄女像之右，尊為窯坊公。每逢農曆五月十六窯坊公誕辰之日，家鄉人都要舉行盛大的紀念活動。

第三位窯神。中國台灣祭祀的窯神有當地色彩。他們祭祀的是羅文祖師和羅明祖師。羅文祖師是用土條盤築法製陶，羅明祖師是用轆轤成型法製陶。兩人是兄弟，各有所長。羅文祖師的誕辰是農曆四月十一，羅明祖師的誕辰是農曆九月九。每逢這兩個節日，窯廠都要舉行祭祀典禮，以紀念這兩位造瓷的祖先。

79

陶神寧封子

中國古代神話中的陶神叫寧封子。傳説寧封子是黃帝時的陶正。陶正是負責燒製陶器的官員。其傳説始見於西漢劉向著《列仙傳》，後亦為《搜神記》《拾遺記》《廣黃帝本行記》《仙苑編珠》《歷世真仙體道通鑒》諸書所載。

西漢劉向著《列仙傳》記道：「寧封子者，黃帝時人也。世傳為黃帝陶正。有人過之，為其掌火，能出五色煙，久則以教封子。封子積火自燒，而隨煙氣上下。視其灰燼，猶有其骨。時人共葬於寧北山中，故謂之寧封子焉。奇矣封子，妙稟自然。鑠質洪爐，暢氣五煙。遺骨灰燼，寄墳寧山。人睹其跡，惡識其玄。」

這是説，寧封子是黃帝時代的人。後世傳説，他是為黃帝掌管燒製陶器的官員陶正，原名封子。封子燒製的陶器質量很過硬，自己也很得意。有一天，一個人突然來拜訪他，為他表演了一個道法。他竟然從手掌中發出火焰來，而且冒出的煙氣分為青、赤、黃、白、黑五種顏色。封子看得目瞪口呆，不知所以。封子就虛心地向他討教，當時人家沒有教給他。然而，過了一段時間，那個人終於把這種道法傳給了封子。封子虛心學習，牢牢地掌握了這個道法，而且

有所昇華。以後，封子想升天，進極樂世界。封子堆積了柴火自焚，身體隨着煙氣，時上時下。火滅後，從灰燼中人們發現了他的骸骨。當時的人們一道把他的遺骨葬於寧北山中，所以封子又叫寧封子。寧封子就是這樣一位特殊人物。有詩贊曰：特異的寧封子，奇妙秉性自然。身形融化洪爐，精氣化成彩焰。遺骨存於灰燼，寄託墳墓寧山。人們只看事跡，不知奧妙之源。

黃帝向寧封子問「龍蹻飛行」之術。《儲福定命真君傳記》略云：「姓寧，名封，與黃帝同時。黃帝從之，問龍蹻飛行之道。」寧封子就以《龍蹻經》傳授黃帝。黃帝學會了，能乘雲龍以遊八極。「乃築壇其上，拜寧君為五嶽真人。黃帝封寧君主五嶽，上司嶽神。」

南宋詩人范成大説：「三十里至青城，山門曰寶仙九室洞天。夜宿丈人觀，觀在丈人峰下。五峰峻峙如屏，觀之台殿上至岩腹。丈人（寧封子）自唐以來，號五嶽丈人。」因寧封子得道升天，神通廣大，黃帝就冊封他為五嶽丈人。寧封子頭戴蓋天冠，身着朱紫袍，腰掛三庭印，做上了五嶽神的上司。他命令五嶽神，一月來朝拜兩次，從此成為定制。

民間也有流傳的寧封子神仙故事。四川灌縣青城山建福宮後面的丈人山，傳說是軒轅黃帝向寧封子丈人問道處。寧封子因封於此，故名寧封。其時洪水氾濫，人居洞穴，每到山下取水，無盛水器，以山下濕泥為器易碎。寧封子

偶於燒野獸火中得硬泥，遂悟作陶之理，故傳說寧封為黃帝陶正。某次燒陶，寧封子升窯添柴，因窯頂柴塌，遂陷火窟，人見灰煙中有寧封形影，隨煙氣冉冉上升，便謂寧封火化登仙。寧封便成為一個為發展人類文明而犧牲自己的仙人了。

獄神皋陶

古代監獄裡供奉之神。獄神如今很難見到了。獄神何許人也？據考證，中國古代的獄神是皋陶，一作「咎繇」。相傳是我國古代舜帝時期的一位掌管司法的大臣，稱大理。皋陶作五刑，制定了法律。史書記道：「皋陶造獄，法律存也。」就是說，皋陶是監獄的首創者，是古代聲名遠播的刑獄之神。在掌管司法時，「皋陶造獄，劃地為牢」，意思是說，皋陶創造了監獄，以不同的地域來劃分監牢。將監獄分散到各地，便於管理。造獄的先驅皋陶，則被尊為獄神，舊時的監獄將他立為自己的神靈。

傳說中的皋陶已經被神化了。據史書記載，皋陶的長相十分奇特：馬喙而喑，狀如削皮之瓜，青綠色。是說皋陶的嘴像馬嘴，長而尖。嗓子不好，聲音喑啞。皮膚是青綠色的。顯然，這是個神仙的奇怪形象。傳說皋陶有一隻神羊，如同現代的測謊儀，是動物測謊儀。東漢王充著《論衡・是應》記道：「一角之羊也，性知有罪。有罪則觸，無罪則不觸。故皋陶敬羊，起坐事之。」這是一隻獨角羊，有特異功能，能夠判斷人是否有罪。判斷你有罪，就用獨角撞擊你；判斷你無罪，就不用獨角撞擊你。因為獨角羊有這樣的特異功能，所以皋陶特別敬服它，給它很高的地位。以上就是

皋陶神話傳說的大致情況。

現在供奉獄神皋陶的監獄在哪裡呢？在山西洪洞縣蘇三監獄。蘇三冤獄事，在明朝小說家馮夢龍《警世通言》的《玉堂春落難逢夫》裡有詳細記敍。蘇三的愛情故事，由於戲曲《玉堂春》的廣泛演出，而家喻戶曉。蘇三的著名唱詞「蘇三離了洪洞縣，將身來到大街前。未曾開言心好慘，過往君子聽我言」，人們也是耳熟能詳。

玉堂春落難逢夫的故事，就發生在山西洪洞縣，直到民國九年（1920），洪洞縣司法科還保存着蘇三的案卷。

蘇三，原名周玉姐，明代山西大同府周家莊周彥亨女。六歲時父母雙亡，後被拐賣到北京蘇淮妓院，遂改姓為蘇。她到妓院前已有二妓，排行三姐，號玉堂春，俗稱蘇三。當朝尚書之子王景隆冶遊，偶遇蘇三，一見鍾情，纏綿悱惻，私定終身。王景隆沉溺妓院，不覺一載，揮霍三萬兩雪花銀。蘇三勸王景隆發奮上進，誓言不再從人。其間，故事跌宕起伏，離奇曲折。王景隆離京歸里，雖對蘇三不能釋然，但奮志讀書，連戰皆捷。先是考中舉人，後是考中進士。在王景隆返家之際，蘇三被鴇兒以二千兩銀子的身價，賣給山西洪洞馬販子沈洪為妾。沈洪其妻皮氏與監生趙昂私通。沈洪帶蘇三回到洪洞，皮氏頓生歹心，與趙昂合謀毒死了沈洪，誣陷蘇三。趙昂從皮氏家中拿出一千餘兩銀子行賄。王知縣貪贓枉法，對蘇三嚴刑逼供，蘇三受刑不過，只得忍屈畫押，被判死刑。正當蘇三在洪洞死牢含冤負屈之際，適

值王景隆升任山西巡按。王景隆在此前雖風聞蘇三被賣到洪洞，但未知真情，故到任伊始先急巡平陽府。得知蘇三已犯死罪，便密訪洪洞縣，探知蘇三冤獄案情，即令火速押解蘇三案件全部人員至太原。王景隆為避親審惹嫌，遂託劉推官代為審理。劉推官公正判決，蘇三昭雪，真犯伏法，貪官被撤，蘇三和王景隆有情人終成眷屬。

由於蘇三故事曲折動人，當年的蘇三監獄由此聞名，被保存維修。蘇三監獄在今洪洞縣政府院內西南，亦即明洪洞縣衙西南角。一進掛有「明代監獄」匾額的大門，首先看到的便是蘇三的塑像，外院為當年監獄的辦公場所，右邊的院落是普通監牢，中間是過道，兩邊共有監牢十餘間。過道頂上佈有鐵絲網，網上掛有銅鈴，一有犯人企圖越牆逃跑，便會觸響銅鈴。

過道的盡頭，正對的是獄卒的看守室。右面的牆上有獄神的供位，傳說當年囚犯入獄都要參拜獄神。這個供位，是一個用砂石雕刻成的神龕。神龕裡有磚刻的三尊小小的神像。中間坐着的是一位老者，慈眉善目，溫文爾雅。兩旁是兩個小鬼，張牙舞爪，面目猙獰。中間的老者，就是獄神了。舊時，監獄的犯人，每天都要參拜獄神的，祈望得到獄神的保佑。而這個獄神，就是皋陶。

獄神下面的牆基處，有一小洞，是當年運送屍體的出口。犯人在獄中病死或是被打死，是不能從大門抬出去的，只能從這個小洞拉出去。過道盡頭的左邊，便是死囚牢的

大門。死囚牢雙門雙牆，門上畫有狴犴，狴犴是龍的兒子，長得卻像老虎，因此人們誤稱為虎頭牢。龍生九子，子子不同，狴犴專門掌管刑獄。大門只有一點六米高，所有進入死囚牢的人都要在狴犴像前低頭，顯示對法律的敬畏。

「文革」十年動亂期間，蘇三監獄被拆毀。為了使蘇三監獄這一僅存的明代監獄得以保留，洪洞縣人民政府做出了修復明代蘇三監獄的決定。修復事宜於 1984 年 5 月開始，同年 10 月竣工。

天津小西關監獄裡供奉的獄神，也是皋陶。最近，此處已經拆遷，變成了一座現代化的醫院。

81

晦日送窮神

所謂窮神，是指舊時北京槓房夥計供奉之神，是窮人的保護神。一說是高陽氏子瘦約；一說是姜子牙夫人葉氏。

高陽氏就是五帝之顓頊，瘦約是其子。瘦約雖生於帝王之家，但生來喜歡穿破衣爛褲，吃剩飯稀粥，所以人稱「窮子」。他死於正月晦日，故有晦日送窮子之說。窮子後來演變為窮神，人們就在晦日送窮神了。晦日，指農曆每月的最後一日。不過，送窮神的日子並非局限於晦日。如今，有些地方在正月初六或正月二十九等日送窮神。

另一位傳說中的窮神是姜子牙夫人葉氏。姜子牙在封神時，封葉氏為窮神，命令她有福的地方不能去。從那以後，人們在過年時便紛紛在家中貼福字，窮神就不敢來了。

窮神是窮人的保護神，自然得到社會底層人們的信仰。槓房是喪事儀仗店，是出租喪葬用具和代辦喪葬事宜的店鋪。槓房夥計，就是出殯時抬棺槨的槓夫。槓夫生活在舊社會的底層，處於極貧狀態。他們過着乞丐似的日子，穿着漏洞的衣裳，戴着破口的氈帽。無事時，擠在街道旁等活幹；有事時，風裡來，雨裡去，十分辛苦勞累。他們希冀神

仙的庇佑，因此供奉窮神。

　　窮神廟裡的窮神，頭戴破氈帽，身穿破衣裳，手拎破酒壺，一副看破紅塵、自得其樂的模樣，很像檟夫的自畫像。

賊神時遷

　　賊神是舊時盜賊供奉之神。盜賊為了取得神靈的庇佑，就崇拜一個他們自認為的神仙。這個神仙，就是時遷。

　　時遷，歷史上並無其人，是元末明初小說家施耐庵的長篇小說《水滸傳》裡虛構的人物。

　　時遷練就一身好功夫，能飛簷走壁，跳籬騙馬，江湖上人稱「鼓上蚤」。楊雄、石秀殺了淫婦潘巧雲、姦夫裴如海，正商量去投奔梁山，沒想到撞上了正在盜墓的時遷，三人決定共同投奔梁山。途中，時遷因為偷吃了祝家莊酒店的公雞，被祝家莊人馬捉去，並且惹出宋江三打祝家莊一段事來。時遷上了梁山後，被派去東京盜得徐寧的雁翎鎖子甲，和湯隆一起將徐寧騙上梁山，立了功勞。時遷被封為走報機密步軍頭領第二名，是梁山第一百零七條好漢。征討方臘時，時遷病死在途中。

　　《水滸傳》中對時遷巧盜鎖子甲的描寫，表現了時遷盜甲時的冷靜沉着：時遷聽那兩個梅香睡着了，在樑上把那蘆管兒指燈一吹，那燈又早滅了。時遷卻從樑上輕輕解了皮匣，正要下來，徐寧的娘子覺來，聽得響，叫梅香道：「樑上甚麼響？」時遷做老鼠叫。丫鬟道：「娘子不聽得是老鼠叫？因廝打，這般響。」時遷就便學老鼠廝打，溜將下來。悄悄

賊神時遷像

地開了樓門，款款地背着皮匣，下得扶梯，從裡面直開到外門，來到班門口。已自有那隨班的人出門，四更便開了鎖。時遷得了皮匣，從人堆裡趁鬧出去了，一口氣奔出城外，到客店門前。此時天色未曉，敲開店門，去房裡取出行李，拴束做一擔兒挑了。計算還了房錢，出離店肆，投東便走。

作家施耐庵是如何創作時遷這個人物的，還有個民間傳說。施耐庵是元末明初人，平時最痛恨偷雞摸狗的人，

因而他在寫《水滸傳》裡的時遷時，怎麼也寫不好這個地賊星。

有一次，他正坐在窗下苦思冥想，兩眼盯着窗外的蘆花老母雞出神。這時有個人從門口一閃，老母雞不見了。施耐庵心裡想：真見鬼了！不曾望見人偷，雞憑空沒了，這事倒蹊蹺呢！他跑出門一望，原來是東莊的李大。他便喊了聲「李大」！俗話說：做賊心虛，李大聽見施耐庵喊他，嚇得「撲咚」往地上一跪，乖乖地從布口袋裡把雞拿了出來，連聲求饒。施耐庵的老婆聽見門口有人說話，也跑了出來，一見是賊偷了她家生蛋的蘆花老母雞，氣得發抖。施耐庵曉得李大是個硬漢子，挑私鹽時跟張士誠一塊造反的，很有本領，張士誠兵敗後才逃回家，便問他為甚麼偷雞？

李大說：「不瞞先生說，我家裡有個九十歲的瞎老母親，已三天沒得一粒米下肚了，不得已才做了這種下賤事，真對不起先生。」施耐庵一聽，對李大很同情，連忙叫老婆盛飯給他吃，並對李大說：「我有二兩銀子用紅布包了放在房間裡的大樑上，你今晚如能偷到，偷雞的事恕你無罪，銀子也送給你拿回家奉養老母，不過今後可別再幹這種營生了。」李大一聽忙說：「請先生放心。我今生再也不幹這偷竊的事了，但先生的銀子我不要。」李大不曉得，施耐庵叫他偷銀子有用意呢。原來施耐庵寫時遷盜徐寧的傳家寶，寫來寫去都不像，他寧願用二兩銀子買個見識，便對李大說：「我早聽說你是條硬漢，今兒一定要顯一手給我望望。」

李大不好再違拗，只好答應了下來。施耐庵的這一舉一動，可把站在一旁的老婆急壞了。到了晚上，施耐庵晚飯一吃就上床睡覺了，他老婆可有心眼呢，把房門和窗戶關得嚴嚴實實的，睡在床上燈也不敢熄，兩眼死盯住樑上的紅布包。她心裡想，除非你李大變只蒼蠅飛進來，要不然這銀子你莫想偷到。她哪裡曉得，這時李大已躲在房間裡的衣櫃後頭了。她眼睜睜地一直看到半夜，實在困了，便打了個盹。這時，施耐庵可兩眼睜大地睡在床上呢，他先聽到幾聲老鼠叫，又見李大像只跳蚤似的往樑上一躥，把銀子偷走了，空紅布包還是在樑上。第二天天亮了，他老婆望望紅布包還在那裡，心裡歡喜着。

門一開，只見李大來了，手上捧着二兩銀子送給施耐庵。施耐庵老婆再把紅布包一捏，裡頭空空的，銀子已經偷走了。施耐庵叫李大把銀子拿回家去奉養老母，李大一聽雙眼流淚，怎麼也不肯要，拜別施耐庵就走了。施耐庵沒法，在第二天一大早，又派人送了二斗米到李大家。據說，打這次以後李大便做起了小本買賣，再也沒幹那偷竊的事。

傳說從這事以後，施耐庵把《水滸傳》中有關寫時遷的章節全部撕掉重新寫了一遍，「鼓上蚤」時遷就是取的李大的原型。

《水滸傳》中的時遷形象鮮活可愛，水滸戲中則出現了時遷的武丑形象。以「鼓上蚤」時遷為主角的武丑戲非常受歡迎，久演不衰。其中最著名的有《時遷偷雞》《時遷盜甲》

等。《時遷偷雞》又名《巧連環》，演楊雄、石秀和時遷投奔梁山，夜宿祝家店，最後被捉住的故事。此戲屬於吹腔戲範疇，時遷有繁難的翻跌功夫，特別是吃火的表演。店家被時遷戲弄後報信，草雞大王趕來捉拿時遷。草雞大王也是丑角扮演，三花臉，頭盔上插一根翎子，穿靠，插旗，使槍。捉住時遷後的下場很特別，即時遷蹬上草雞大王的肩頭，拄着他的槍，上下二人一塊三笑，這樣疊羅漢下場。此劇中楊雄為老生，石秀為武小生。

《時遷盜甲》是演時遷盜取徐寧祖傳的雁翎甲，來賺徐寧上梁山的故事。時遷唱崑曲，身段複雜，是前輩丑角楊鳴玉的拿手傑作。富連成社曾據此編演了《雁翎甲》一齣大戲，是葉盛章的代表作。葉盛章還演出過《盜王墳》。這是講時遷盜掘王墳，遇着楊雄和石秀，三人共投梁山的故事。

時遷可以說是個義盜。盜賊把時遷作為自己崇拜的神仙，不過是想為自己的不義之舉找一塊遮羞布而已。

還有一個賊神的組合，即五盜將軍。這是宋前廢帝時的事。南朝宋（420—479年），是南北朝時期南朝的一個政權。公元420年，宋武帝劉裕取代東晉政權而建立。國號宋，定都建康（今南京），史稱南朝宋或劉宋。

宋武帝的第五位繼任者為宋前廢帝（449—465年），名劉子業，小字法師。孝武帝劉駿之長子。劉子業於大明八年（464）五月即位，他荒淫無度，兇暴異常，肆意誅殺宗室大臣。次年，卒。史傳湘東王秘密結交劉子業身邊之重臣，

將只有十七歲的劉子業在華林園刺死。因其後還有一個宋後廢帝劉昱，所以劉子業就稱為宋前廢帝。

相傳在宋前廢帝劉子業時期，出現了一夥盜賊，人稱五巨寇。這五個人是：杜平、李思、任安、孫立、耿彥。他們橫行一方，殺人越貨，藐視官府，擾害百姓。在景和年間，宋前廢帝特派大將張洪，將他們剿滅了。並在新封縣北將他們全部正法，民心大快。不承想，這五名盜賊卻在其被斬之處，降祟作怪，擾亂地方。當地人無奈，只得蓋廟燒香，將他們奉為賊神，呼為五盜將軍，歲時奉祀。從此，各路細賊，也有視他們為行業神的。

83

茶神陸羽

中國神話傳說中的茶神。歷史典籍對陸羽有所記載。

據佚名著《大唐傳載》云：

太子文學陸鴻漸，名羽，其生不知何許人。竟陵龍蓋寺僧，姓陸，於堤上得一初生兒，收育之，遂以陸為氏。及長，聰俊多聞，學贍詞博，詼諧談辨，若東方曼倩之儔。鴻漸性嗜茶，始創煎茶法。至今鬻茶之家，陶其像置於錫器之間，云宜茶足利。鴻漸又撰《茶經》二卷，行於代。今為鴻漸形者，因目為茶神，有交易則茶祭之，無則以釜湯沃之。

唐李肇著《唐國史補》卷中記載：

竟陵僧有於水濱得嬰兒者，育為弟子。稍長，自筮，得蹇之漸。繇曰：「鴻漸於陸，其羽可用為儀。」乃令姓陸名羽，字鴻漸。羽有文學，多意思，恥一物不盡其妙，茶術尤著。鞏縣陶者多為瓷偶人，號陸鴻漸。買數十茶器得一鴻漸，市人沽茗不利，輒灌注之。

陸羽，字鴻漸。不知甚麼地方生人，也不知何時所生。大約生於唐玄宗至唐德宗年間（733—804），享年近七十歲。陸羽出生坎坷，後來命運順遂。他剛一出生，父母便將其遺棄在河岸上。幸運的是，竟陵（今湖北天門縣）龍蓋寺的陸

禪師，在河岸上撿到了他，抱回寺院收養，後來就姓陸了。在寺院，陸兒得到了很好的教育。長大了，陸兒面貌俊秀，學識淵博，詞彙豐富，談吐詼諧。他的唯一缺陷，是稍微有一點口吃。有一次，他用《易經》為自己卜卦，得到一個卦辭：「鴻漸於陸，其羽可為用儀。」意思是說，水鳥到了高平地，它的羽毛可以編成文舞的道具。陸羽明白，這是一個吉卦，且和自己的身世暗合，十分高興。確認以陸為姓，羽為名，鴻漸為字。卜卦後，不知不覺，口吃的毛病逐漸好了。

十三歲時，得到竟陵太守李齊物的賞識。贈他詩書，推薦他到火門山的鄒夫子那裡學習。十九歲時學成下山，常與好友詩人崔國輔一起出遊，品茶鑒水，談詩論文。據說，陸羽還和顏真卿、張志和等一批名士相交往。皇帝聽說陸羽很有學問，就拜他為太子文學，不久又叫他任太常寺太祝。但是，陸羽不愛做官，婉言謝絕。陸羽嗜茶如命。二十一歲時，他為了研究茶的品種和特性，離開竟陵，遊歷天下，遍嘗各地的名水和名茶。親身攀葛附籐，採茶製茶，一心撲在研究茶上。

上元初，更隱居在苕溪（今浙江吳興），專心著作。他積多年經驗，終於寫出了中國第一部，也是世界第一部研究茶的專著《茶經》。全書三卷十篇：

一、茶之源——

　　記茶的生產和特性；

二、茶之具——

記採茶的工具；

三、茶之造——

　　　記採茶的時間；

四、茶之器——

　　　記飲茶的用具；

五、茶之煮——

　　　記煮茶的方法；

六、茶之飲——

　　　記飲茶的方法；

七、茶之事——

　　　記嗜茶的人事；

八、茶之出——

　　　記茶的產地；

九、茶之略——

　　　略述茶的歷史；

十、茶之圖。

　　此書是關於茶的百科全書，後世的百餘種茶書皆源於此。陸羽的《茶經》，是唐代和唐代以前有關茶葉科學知識和實踐經驗的系統總結。《茶經》一問世，即為歷代人所寶愛，盛讚他為茶葉的開創之功。北宋詩人陳師道為《茶經》作序說：「夫茶之著書，自羽始。其用於世，亦自羽始。羽誠有功於茶者也。」從此，天下人才知道飲茶。當時賣茶的茶商，為陸羽雕塑了陶瓷像，置放在顯著的位置，供奉為茶

神，民間尊之為茶聖。

　　湖北天門縣城北門外，有一處著名的井泉，人稱「文學泉」。泉後有一碑亭，內立石碑，正面題「文學泉」，背後題「品茶真跡」。碑亭後面有座小廟，是「茶聖」陸羽廟。石壁刻有陸羽小像，正在端坐品茗，極有風致。在當時，陸羽像大多為陶瓷製品，為茶商和茶肆老闆所供奉。

　　陸羽亦曾隱居在今日的江西上饒市廣教寺多年。在他的隱居處築有山舍陸鴻漸宅。宅外有茶園數畝。並鑿有一泉，水清味甘，被譽為「天下第十四泉」，即陸羽泉。泉邊石圍上「源清流潔」四個篆字，是清末知府段大誠所題，至今保存完好。陸羽在此以自鑿泉井，烹自種之茶，自得其樂。唐代詩人孟郊在《題陸鴻漸上饒新開山舍》一詩中，盛讚陸羽的清雅高潔。詩曰：「驚彼武陵狀，移歸此岩邊。開亭擬貯雲，鑿石先得泉。」

84

蠶神媒祖

蠶神是中國古代神話中發明養蠶造絲之神。蠶神在民間有媒祖、馬頭娘、青衣神、玄名真人馬明王、蠶女、馬明菩薩等多種稱呼。

中國是最早發明種桑飼蠶的國家。大約在新石器晚期，即五千年前，我們的祖先就已經知道利用蠶絲了。到了商朝，甲骨文中出現了桑、蠶、絲、帛等有關桑蠶的文字，而且還有一批與這些文字相關的文字。這說明在商朝桑蠶已經成為一個行業。在古代男耕女織的農業社會經濟結構中，蠶桑佔有重要地位。漢以前，蠶已被神化，稱其神曰先蠶，意指始為蠶桑之人神。東漢稱「寓氏公主」。北齊改祀黃帝，北周又改祀黃帝元妃西陵氏，即媒祖。這都是官方祀典中所記的蠶神，有的已經傳入民間。民間祀奉的蠶神，則是蠶馬神話演化而來的蠶女、馬頭娘。在眾多關於蠶神的神話傳說中，著名的蠶神大體有三位。

傳說第一位蠶神是媒祖。媒祖是黃帝的正妻，古代教民養蠶之神。南朝范曄著《後漢書·禮儀志》云：「祀先蠶，禮以少牢。」南宋羅泌著《路史·後紀》云：「（黃帝）元妃西陵氏曰媒祖。以其始蠶，故又祀先蠶。」是說因為媒祖最先開始養蠶造絲，所以人們尊奉媒祖為先蠶，並加以祭

祀。相傳，在人類歷史上，是她首先開始種蠶，故後世祀以為先蠶。

媒祖發明養蠶造絲之事，民間有傳說。據陶陽、鍾秀著《中國神話》記載，在陝西黃陵縣就流傳着媒祖發現蠶絲的民間故事。據說，黃帝命其妻媒祖製作衣服，媒祖想得到一種材料製作衣服。為此，媒祖急病了。有一天，媒祖的同伴發現了一些果實上的絲狀物，向媒祖報告。媒祖不聽則罷，一聽病情好像減輕了大半，立即要看個究竟。身邊人不讓她動，把纏在木棒上的細絲線拿來叫她看。媒祖仔細察看了纏在木棒上的細絲線，對周圍的女子說：「這不是果子，不能吃，但是它大有用處。」接着媒祖就詳細詢問了果子從哪裡摘來，在甚麼山上，在甚麼樹上。媒祖聽了後，說也怪，第二天病就全好了。她不顧黃帝的勸阻，親自帶領婦女上山要看個究竟。媒祖在樹林裡整整觀察了幾天，才弄清這種白色果子，是一條口吐細絲的蟲子繞織而成，並非樹上結的果子。媒祖回來把這事向黃帝作了詳細說明，並要求黃帝下令保護所有的桑樹林。從此，栽桑養蠶就在媒祖的帶領下開始了。後世為了紀念她的功績，就稱她為「先蠶娘娘」。

傳說第二位蠶神是馬頭娘。馬頭娘的雛形是《山海經‧海外北經》所記的「歐絲」女子。當時蠶神的形象尚未與馬相聯繫。《荀子‧賦篇》有賦五篇，其四《賦蠶》中有云：「此夫身女好而頭馬首者歟？」是說蠶身柔婉似女子，而蠶

頭似馬首。後人據此將蠶與馬相糅合，造出人身馬首的蠶馬神。

最早記載馬頭娘故事的是《太古蠶馬記》。此書據稱為三國吳張儼所作，一般學者疑是魏晉人所偽託。東晉干寶著《搜神記》亦記載其事跡。據說，馬頭娘本是古代一位平民女子。高辛帝時，蜀地戰亂，她的父親被拉去征戰，一年多不見回還。唯有父親平常騎的馬還留在家中。女兒日日夜夜掛念父親，有時茶飯不思。她的母親無奈，就對眾人發誓說：「誰要能把她的父親找回來，我就把女兒嫁給誰。」家裡的傭人們都只是聽聽而已，誰都無法使她的父親回歸家中。然而，想不到的是，那匹馬聽了這話，卻驚躍振奮起來，掙脫了韁繩，迅疾而去。幾天後，父親就騎着那匹馬回來了。可是從這日起，那匹馬就開始嘶叫哀鳴，不肯吃東西。父親問怎麼回事，母親就把對眾人發誓的事告訴了父親。父親說：「這誓是對人發的，而不是對馬發的。哪有人與畜牲婚配的事呢？」於是，父親就加添了許多好飼料，打算以此來安撫和回報這匹馬。可是，馬還是不肯吃東西。每當那女孩從牠身邊走過，牠都怒目而視，並且奮然出擊，沒有一次不這樣。父親一怒之下便把這馬殺了，而後剝下馬皮曝放在庭院中。有一天，女孩從馬皮旁經過，馬皮蹶然而起，捲着女孩子飛走了。十多天後，人們在一株桑樹下找到了那張馬皮。女孩則已變為蠶，食桑吐絲作繭，為人間造衣。父母痛悔不已，念念不忘。一天，忽然看見蠶女騎着那

匹情馬，乘着流雲，前呼後擁數十人從天而降。她對父母說：「太上因為我孝能致身，心不忘義，授予我九宮仙嬪之職，在天長生，你們就不要再憶念我了。」說畢，便乘馬上天而去。這女子的家鄉在蜀中什邡、綿竹、德陽三縣交界之地，每年都有來自四方的祈蠶者雲集在此。而蜀中寺觀多塑女人披馬皮的像，人稱馬頭娘，用以祈祀蠶桑。

民間又稱馬頭娘為馬明王、蠶女、馬明菩薩等。

傳説第三位蠶神是青衣神。 青衣神即蜀地先王蠶叢氏。傳説蠶叢氏最初是蜀侯，後來又成為蜀王。他經常穿一身青衣，巡行郊野，教百姓們怎樣養蠶。鄉里人感念他的恩德，為他立祠祭祀，每逢祈禱沒有不靈驗的。地方上俗稱他為青衣神。

傳説第四位蠶神是玄名真人。 道教也崇奉蠶神，這位蠶神就是玄名真人所化。《太上説利益蠶王妙經》云：「有一真人名日月淨，上白（靈寶）天尊曰：『今見世間人民苦樂不均，衣無所得，將何救濟？』天尊憫其所請，乃遣玄名真人化身為蠶蛾，口吐其絲，與人收什，教其經絡機織，裁製為衣。」據此，蠶神不僅管蠶桑，還管機織成衣之事。

除以上傳説的四位蠶神外，還有一些沒有姓名的蠶神。

蠶神的形象，有的是一個女子騎在一匹馬上；有的是一個女子端坐，身旁站着一匹馬；有的是三位女子共騎一匹馬。

染神梅葛二聖

中國古代神話傳說中的染神是梅葛二聖。遠古的時候，人們穿的衣服是沒有顏色的。到底是誰發明了顏色呢？這是一個千古之謎。民間傳說發明顏色的人，就是梅葛二聖。

有關梅葛二聖的來歷，民間有三種傳說。

第一種傳說。最初人們用棉布和麻布縫製衣服，穿起來確實比獸皮羽毛舒適多了，但可惜都是白色的，不如獸皮羽毛漂亮。有個姓梅的小伙子，一次不小心摔倒在河邊的泥地裡，河泥染髒了他的白色衣服。於是，他把脫下的衣服在河裡洗，可是怎麼也洗不出衣服原來的白色。衣服原來的白色，變成了黃色。不料，村裡的人一見，都說這種顏色挺好看。梅君回想，是甚麼東西把衣服染成黃色的呢？他認定是河泥。這是一個不小的發現。梅君把這個發現，秘密地告訴了好朋友葛君。就這樣，河泥可以染黃布的事傳開了。從此，人們穿上了黃色衣服。梅葛兩人尋思着把衣服染成其他顏色，共同試驗，但總不成功。一天，他倆把染黃的白布，掛在樹枝上。忽然，布被吹落在草地上。等他倆發覺後，黃布成了「花」布，上邊青一塊、藍一塊，他們覺得奧妙準是在青草上。於是，兩人拔了一大堆青草，搗

梅葛二聖像

爛了，放在水坑中，再放入白布，白布一下變成藍色的了。
此後，人們又穿上了藍衣服，還把這種染衣服的草叫「蓼藍
草」。梅葛二人也成了專門染布的先師，後人稱他們為梅葛
二聖。

　　第二種傳說。「梅葛二聖」並不是甚麼先師，而是一鳥
一果。傳說，最初古人們不管是老百姓還是皇帝，穿的衣服
都沒有顏色。有個皇帝覺得自己與百姓一樣穿沒有顏色的
衣服，顯不出尊貴莊嚴。皇帝就下令，讓工匠為他製作一件
跟太陽一樣鮮紅的袍子。工匠做不出，就被殺掉，一連殺了

許多人，紅袍衣還是沒有製出。

一天，忽然來了位老人。他為了使工匠不致被斬盡殺絕，就對皇帝誇下海口：「我能造紅袍，但要一些時日。」老人不過是緩兵之計。這天，他正在苦思冥想如何使皇帝再寬限幾日，不知不覺間，走進了某處山林。老人忽然發現一隻葛鳥在吃梅果。葛鳥一邊歡快地叫，一邊愉悅地吃，梅子的紅汁從鳥嘴裡流了出來。老人突然受到啟迪，一下有了主意，用紅梅染成紅袍，或許能應付過去。老人一試，果真成功了。老人拿紅袍交了差，在暴君的刀口下救活了無數工匠。眾人都把老人視為「活神仙」，要給他立廟供祀。老人不答應，說是天帝派了兩個神仙，一個姓葛，一個姓梅，來救大家。於是，人們按照老人的模樣塑造了梅葛二聖像，建廟供奉。

第三種傳說。在這個傳說裡，梅葛二聖是有名有姓的。傳說，染坊供奉梅福、葛洪為行業祖師，兩人合稱梅葛二聖、梅葛二仙等。

梅福為西漢末年人，曾任南昌尉，後出家修道煉丹。宋元豐年間（1078—1086年），宋神宗趙頊封其為壽春真人。葛洪，字稚川，自號抱樸子，是東晉著名道士、醫學家和煉丹術家。他自幼好學，但家境貧寒，無錢買書，就賣柴換回紙筆，晚間抄寫默誦，學習知識。著有《抱樸子》一書，內詳載各種煉丹方技。

民間傳說，梅葛二仙曾化作跛腳漢行乞。為感謝一對

青年夫婦的施捨，他倆在酒足飯飽之後唱道：「我有一棵草，染衣藍如寶。穿得花花爛，顏色依然好。」兩人手舞足蹈，邊唱邊跳，周圍瞬間長出許多小草。青年夫妻聽聞草能染衣，便割了幾筐放在缸裡，過了數日仍不見動靜。不久，兩位跛腳漢又來借宿喝酒。臨走時，把剩酒和殘湯全都倒入缸內，缸水頓時變成藍色。二仙説：「水藍是藍靛草變的，染衣可永不變色。」小兩口高興地用它來為鄉親染布。此後，人世間便出現了染布業。該行在每年的農曆九月九日，即梅葛二聖的誕辰，都要舉行祭典。

舊時，河南開封、四川綿竹等地，都有梅葛廟，供奉梅葛二聖。每年農曆四月十四和九月初九梅葛二聖的誕辰，染匠都要舉行祭祀活動，同飲梅葛酒，以資祝賀。

86

梨園神唐明皇李隆基

梨園神是過去戲曲界供奉之神。梨園神到底是何人，民間傳說不一。有的傳為田相公，有的傳為老郎，還有的傳為孟田苟留、仲田洪義、季田智彪三兄弟，但近來以唐玄宗李隆基為梨園神的說法比較流行。

梨園神是田相公的傳說，出自清俞樾著《茶香室叢鈔》。《茶香室叢鈔》引清朝汪鵬《袖海編》云：「習梨園者共構相公廟，自閩人始。舊說為雷海青而祀，去雨存田，稱田相公。」這是說，戲曲界人士共同修建相公廟，是從福建省人最先開始的。原來的說法是，梨園界供奉著名樂人雷海青。雷海青是唐玄宗的宮廷樂師，精通琵琶演奏，號稱琵琶聖手。後來就變換成了另外一種說法，將「雷」字去掉「雨」旁，留下「田」旁，稱作田相公。這種說法雖不可考，但是以雷海青之忠，把他尊奉為梨園界的神仙，是不為過的。然而，尊奉田相公為梨園神的，似乎並不廣泛。戲曲界真正尊奉的梨園神是唐明皇 —— 唐玄宗李隆基。

唐玄宗（685—762），即李隆基，是唐睿宗李旦的第三

個兒子，唐高宗和武則天的嫡孫。唐玄宗具有卓越的政治才幹，他平定韋氏集團的陰謀篡權，貶逐隱控朝綱的太平公主，順利登上帝位。登基後，勵精圖治，任用賢才，在「貞觀之治」的基礎上，開創了歷史上有名的「開元盛世」。唐玄宗面貌俊秀，氣宇軒昂，善騎射，通音律。

唐玄宗具有超常的音樂天賦。他還在當皇子時，就經常與兄弟們舉辦家庭音樂會。與楊玉環的愛情也是由於楊玉環能歌善舞，精通音律，再加上當時唐玄宗的寵妃武惠妃病逝，遂冒天下之大不韙，納兒媳為妃。史稱唐玄宗「性英斷多藝，尤知音律，善八分書」，這是說，唐玄宗他英武果敢，多才多藝，精通音樂，擅長書法。他在舞蹈方面也很有天分，十六歲時常為祖母武則天，表演唐代著名歌舞大曲《長命女》。樂器在他手裡就活了起來，會演奏多種樂器，尤其喜愛演奏羯鼓。唐玄宗練習時敲壞的羯鼓，就有四大櫃。他很看重羯鼓，稱羯鼓是「八音之領袖」，認為各種樂器都不能與它相比。唐玄宗羯鼓演奏技巧很高，宰相宋璟讚賞其為「頭如青山峰，手如白雨點」，可見其演奏羯鼓技巧之高。唐玄宗喜愛音樂，如醉如癡，甚至上朝時也懷揣玉笛，用手指不停地在笛孔上按摸新曲。

「梨園」何以成為戲曲的代名詞呢？這和唐玄宗有關。唐玄宗李隆基酷愛音樂，並親自訓練了一支多達三百人的樂隊。樂工常在宮中排練，對政事頗有干擾。唐玄宗就令人為樂工們另找一排練場所。御花園後有一個三百畝的大

梨園，園內梨花潔白如雪，梨葉鮮綠如玉，幽雅僻靜，是排練的好地方。唐玄宗就決定在此排練。過了一段時間，梨子熟了，樂工排練也初見成效，唐玄宗就帶著楊貴妃及大臣們來到梨園，園中碩果纍纍，芳香誘人，絲弦悠揚，動人心脾，李隆基大悅，當即親書一匾，稱樂工為「梨園弟子」。從此，「梨園」便成為音樂戲曲的代名詞，「梨園弟子」也成為樂工藝人的專稱。

其實，唐玄宗訓練宮廷藝人的場地主要有兩處。一處是首都長安（今陝西西安）光化門北禁苑。這裡有一個大廣場，兼可拔河打球。一處是蓬萊宮側宜春院，其中分設男女二部。

唐玄宗親自教授樂工絲竹之戲，音響齊發，聽到一個音錯了，必定予以校正。他親自頒佈曲名，親自舉辦宮廷器樂合奏會。正是由於這位皇帝音樂家的喜愛和重視，盛唐音樂，以及與各民族音樂文化的融合，達到歷史的頂峰。

唐玄宗一生作有無數曲子，聞名於世的有《紫雲回》《龍池樂》《凌波仙》及五十六歲時遇上楊貴妃後作的《得寶子》等。最著名的就是歌舞大曲《霓裳羽衣曲》，《霓裳羽衣曲》是音樂舞蹈史上一顆光彩奪目的明珠。

現代的演員或藝人，以前叫倡優伶工。正像對待女人一樣，古代上流社會既把倡優伶工作為尋歡作樂的工具，又把他們當作禍水。宋代歐陽修寫的《伶官傳論》，就把統治者的敗國亡家的罪過讓伶人承擔。舊時，下層社會的青洪幫和

袍哥等組織不許藝人參加。「十流九戲」，是罵下流坯子多是戲曲演員。殘酷的現實社會，使藝人沒有立錐之地。他們被逼得走投無路，只有投向神靈，尋找一個安身立命的精神支柱。他們供奉敬仰唐玄宗為梨園神，就是為了尋求一個皇帝做靠山，以保身家性命的安全。

舊時，各地均設梨園廟，每逢節日戲曲藝人前往祀拜。過去在戲班子的後台，常會見到戲班所供的一個神龕，龕中有一尊神像，高不過一尺左右，是個英俊少年，面皮白皙，身穿黃袍。這位就是戲曲行所祀之老郎神，也就是梨園神。

梨園神俗稱「老郎神」，是因為許多方言中，「老」是「小」的暱稱。「小兒子」常被叫作「老兒子」「老疙瘩」。李隆基是唐睿宗的第三個兒子，也就是「老郎」。玄宗自己也常自稱「三郎」，他在梨園給演員們排練時，常對他們大聲喊：「你們要好好練，別給三郎丟臉！」

華清池大門內西側有「唐梨園文化藝術陳列館」，是一座綜合性的文博旅遊場所，生動再現了唐代梨園盛景。

87

娼妓神管仲

娼妓神是舊時妓女供奉之神。那時，妓女生活在社會底層，受盡壓榨和剝削。她們在投靠無門的情況下，只有祈求神靈的保佑。於是，她們選中了一個神仙。這個神仙就是管仲。

管仲（？—前 645），春秋時期的政治家。名夷吾，又稱敬仲、管子。潁上（安徽潁水之濱）人。年輕的時候，經常同政治家鮑叔牙交往，得到鮑叔牙的賞識。在鮑叔牙的輔佐下，公子小白回到齊國做了齊桓公。鮑叔牙向齊桓公極力舉薦管仲為卿，居於自己之上。於是，齊桓公任命管仲為卿，尊稱「仲父」。

自此，管仲執政四十年。管仲認為，倉廩實而知禮節，衣食足而知榮辱。因此，管仲在齊國進行了政治改革和經濟改革。分國都為十五士鄉和六工商鄉，分鄙野為五屬，派官吏進行管理。以鄉里組織為軍事編制，設立選拔人才的制度。主張按土地好壞分等徵稅，適當徵發力役。發展鹽鐵業，鑄造和管理貨幣，調劑物價。通貨積財，富國強兵，從此國力大增。幫助齊桓公以「尊王攘夷」為號召，使齊桓公成為春秋第一霸主，成為五霸之首。相傳撰著《管子》八十六篇，現存七十六篇。內容龐雜，含有道家、名家、法家

等學派的思想，以及天文、曆法、輿地、經濟和農業等知識。

　　管仲為了儘快地發展齊國的經濟，採取了一個非常政策，這就是建立了官家妓院。清代學者紀昀在《閱微草堂筆記》中云：「娼族祀管仲，以女閭三百也。」是説娼妓祭祀管仲，是因為管仲曾經設立「女閭三百」一事。「女閭三百」，又做「女閭七百」。無論「三百」或「七百」，都是泛指，是數量多的意思。

　　關於「女閭三百」一事，《戰國策‧東周策》云：「齊桓公宮中七市，女閭七百，國人非之。管仲故為三歸之家，以掩桓公。非自傷於民也。」是説齊桓公在宮禁之中，設立了

管仲像，《三才圖會》，
明王圻、王思義撰輯，
明萬曆三十七年原刊本，一六〇九年

七個交易市場。在社會上，讓妓女七百人設立門市，進行交易。這件事遭到國人的非議。管仲為了掩蓋齊桓公的過錯，故意娶妻三次，保護齊桓公。

明謝肇淛著《五雜俎》云：「管子之治齊，為女閭七百，徵其夜合之資，以佐軍國。」閭，里巷的門，代指妓女居住之處。

綜合起來，這是說管仲治理齊國時，在宮禁內部開設了七個貿易市場。在社會上，為七百個妓女開設了門點，讓她們公開交易，向她們徵稅。並將這筆收入用作軍費開支和國家收入。管仲將妓女交易發展成為一個行業，而且是官妓。管仲真可謂妓女職業的始作俑者。由於管仲是歷史記載最早公開地設娼者，因此被後世妓女奉為祖師與神明。

管仲後來演變成了白眉神。明人沈德符在《萬曆野獲編》中說，白眉神長髯偉貌，騎馬持刀，與關公像略肖，但眉白而眼赤。京師人相詈，指其人曰「白眉赤眼者」，必大恨，其猥褻可知。清末民初文學家徐珂的《清稗類鈔》指其名為妖神，娼家魔術，在在有之，北方妓家，必供白眉神，又名妖神，朝夕禱之。千百年來，娼妓對白眉神十分恭敬，初薦枕於人，必與嫖客同拜此神，然後定情，北京和南京都是這樣的。

管仲為甚麼成了白眉毛紅眼睛？有人聽老鴇的解釋是，因為管仲執政四十年，娼妓這一行當到他老年時已蓬勃發展，妓女隊伍壯大了許多。他作為始作俑者，中間自然少

不了近水樓台先得月的事。而他年事已高，眉毛既白，行事不力，少不得喝些酒服點藥，以致兩眼發紅。這是對管仲的調侃。

還有一說，白眉神是春秋時最有名的盜賊跖。跖，又做盜跖。相傳為春秋時柳下惠之弟，柳下惠是春秋時的名士，以孝恭慈仁著稱。他的弟弟卻是個犯上作亂者。傳說黃帝時有個大盜名跖，柳下惠之弟為天下大盜，所以模仿他的名字，號稱盜跖。盜跖日殺無辜，食人之肉，暴戾恣睢，聚黨數千，橫行天下。

清劉璋著《斬鬼傳》第八回有妓院供奉白眉神柳盜跖的描寫。小說描寫盜跖「自春秋以來，至於今日，娼婦人家，家家欽敬，大小奉祀，竟如祖宗一般」。白眉神的裝束是着盔貫甲，騎馬提刀。清夢筆生著《金屋夢》第四十二回中對白眉神亦有描寫：勾欄巷口有座花神廟，廟裡供着柳盜跖，「紅面白眉，將巾披掛」。因他是個強盜頭兒，封來做個色神。這都說明白眉神盜跖是舊時妓女供奉的神仙。

安徽潁上現有管子祠，山東淄博現有管仲墓。舊時南京釣魚巷是著名的花街柳巷，裡面有一個老郎廟。每逢農曆六月十一日，這裡都要舉行拜老郎神的廟會。這個老郎神不是唐玄宗李隆基，而是管仲。民國潘宗鼎著《金陵歲時紀》說：「神為管仲，蓋女閭三百之所由來也。」

第七章

自然神

88

雷神普化天尊

雷神有很多，雷界最高的神是九天應元雷神普化天尊。九天，亦稱九霄，它們是中央鈞天、東方蒼天、東北變天、北方玄天、西北幽天、西方顯天、西南朱天、南方炎天、東南陽天。雷神是正義之神，是懲惡之神，是揚善之神。這個九天應元雷神普化天尊具體是指誰呢？有三種說法。

第一種說法，是元始天尊第九子玉清真王。說他專制九霄三十六天，執掌雷霆之政，稱「神雷真王」。

第二種說法，是黃帝。古代典籍裡說道：「黃帝名軒轅，北斗神也，以雷精起。」「軒轅星，主雷雨之神。」「軒轅十七星，在七星北，黃龍之體，主雷雨之神。」明末清初學者徐道著《歷代神仙通鑒》（一名《三教同源錄》）記載：「（黃帝）封號為九天應元雷神普化真王。所居神雷玉府，在碧霄梵氣之中，去雷城二千三百里。雷城高八十一丈，左有玉樞五雷使院，右有王府五雷使院。真王之前有雷鼓三十六面，三十六神司之。凡行雷之時，真王親擊本部雷鼓一下，即時雷公雷師興發雷聲也。雷公即入雷澤而為神者也。力牧敕為雷師皓翁。三十六雷，皆當時輔相有功之臣。」

雷神像，《封神真形圖》，清代墨繪本

這裡描寫了一個雷神的世界：雷城二千三百里外，有神雷玉府，神雷玉府的左邊有玉樞五雷使院，右邊有王府五雷使院。神雷玉府裡端坐着雷神真王，真王前端立着三十六位神司，每位神司前擺放着一面雷鼓，共三十六面，為司雷之用。這分明是一個完整的雷的世界。而這個九天應元雷神普化真王，就是黃帝。

第三種説法，是聞仲。此説源於明代小説家許仲琳的《封神演義》。《封神演義》第二一九回「姜尚登壇封神眾」裡寫道：「今特令爾督帥雷部興雲佈雨，萬物長生，誅逆除奸，善惡由之禍福。敕封爾為九天應元雷聲神普化天尊之職，仍率領雷部二十四員催雲助雨護法天君，任爾施行。其爾欽哉！」姜子牙除敕封了聞仲外，又封了鄧忠、辛環、張節、陶榮、劉甫、苟章、畢環、秦完等二十四員雷部正神，還封了二位女性，金光聖母為閃電神，菡芝仙為助風神。

拜神怪小説《封神演義》廣為流傳所賜，第三種説法佔了上風。現在百姓熟知的雷界最高的神是商紂朝太師聞仲。聞仲十分了得，他額有三目，中目一睜，能發出白光一道，大約有二尺多長。他曾乘騎黑麒麟，周遊天下，霎時即可行至千里之外。相傳六月二十四日乃天尊出現的吉日，故古時民間在這一天致祭。

其實，雷神的形象有一個發展變化的過程。古代典籍裡描寫的雷神，形態各異。有説「豕首麟神」的；有説「狀如六畜，頭如獼猴」的；有説其形如鬼怪的；有説「若力士

之容」的；有說「大首鬼形」的。到了明清時期，雷神的形象漸趨統一。清黃伯祿所著的《集說詮真》裡有一段對雷神的描寫，大體是雷神塑像的文字基礎。其文曰：

今俗所塑之雷神，狀若力士。裸胸坦腹，背插兩翅，額具三目，臉赤如猴，下顎長而銳，足如鷹鷂，而爪更厲，左手執楔，右手持槌，作欲擊狀。自頂至旁，環懸連鼓五個，左足盤躡一鼓，稱曰雷公江天君。

這裡描寫的「臉赤如猴，下顎長而銳」，就是典型的雷神臉型。也就是人們常說的猴臉和尖嘴，即「雷公臉」與「雷公嘴」。

雷神在百姓的心目中是正義之神。這是古代人們對自然現象處於蒙昧無知狀態下，對自然的一種唯心的解釋。人們創造了雷神，希冀雷神主持正義，消解他們心中的不平。

89

風神方天君

風神民間又稱風伯、風師。風神是掌管風的起停、強弱、方向的自然神。中國地域廣大，地勢複雜，風的表現形態各異。因之，傳說中的風神，古今有別，南北有差。

說到風，我們自然想到了戰國宋玉的名篇《風賦》。

楚襄王問：「夫風，始安生哉？」宋玉對曰：「夫風生於地，起於青萍之末，侵淫溪谷，盛怒於土囊之口。緣泰山之阿，舞於松柏之下。」白話文翻譯是這樣的。楚襄王問：「風剛開始是從哪裡發生出來的？」宋玉答：「風發生在大地上，從浮萍的尖端吹起逐漸擴展到山谷，在大山洞的洞口增加了威力。沿着大山的山坳，吹動松柏搖擺不停。」

這是楚襄王和文學侍從宋玉在探討風的起因。宋玉的回答，認為「風生於地」，這個回答還是唯物的、可信的。但是古人往往認為有一種特殊的物體推動，從而形成了風，這個物體就是風神。

傳說中的風神著名的有四位。

第一位是箕星。風是一種客觀存在的自然現象，但它與雨雪冰雹不同，是看不見、摸不着的。風是怎樣形成的，

古人百思不得其解，認為也許與天上的星辰有關。於是，箕星就作為風神被供奉。

東漢應劭著《風俗通義》載：「風師者，箕星也，主簸物，能致風氣也。」學者蔡邕進一步解說：「風伯神，箕星也。其象在天，能興風。」這是說，箕星是風師，是風伯，是風神。那麼，箕星是甚麼星呢？箕星又稱箕斗、斗宿，共由四顆星組成。古人將其在天上形成的圖形，想像成篩糧食的工具簸箕的形狀。箕星好像用簸箕篩選糧食那樣，「主簸物，能興風」。因之，箕星就成為古人心目中的風神了。

第二位是飛廉。這是大詩人屈原說的。屈原在《離騷》中吟道：「前望舒使先驅兮，後飛廉使奔屬。」其中的「望舒」又稱「纖阿」，是為月神駕車的馭者。東漢王逸註曰：「飛廉，風伯也。」宋洪興祖補註：「應劭曰：『飛廉，神禽，能致風氣。』」

如此看來，「飛廉」就是風神，他發出的勁風，推動着月神的香車飛奔。那麼，飛廉的尊容如何呢？宋洪興祖補註：「晉灼曰：『飛廉鹿身，頭如雀，有角，而蛇尾豹文。』」飛廉就是這樣一個長相奇特的風神。

第三位是風姨。風姨出自清李汝珍所著的神怪小說《鏡花緣》。小說描寫三月初三正值西王母聖誕，眾仙子到西方崑崙山，同赴「蟠桃聖會」，為西王母祝壽。席間，嫦娥舉杯倡議，百花仙子發個號令，讓百花一齊開花，共同來為西

王母祝壽。

　　百花仙子十分為難，說道：「小仙所司各花，開放各有一定時序，非比歌舞，隨時皆可發令。月姊今出此言，這是苦我所難了！」表示不能照辦。

　　不承想，風神風姨聞聽百花仙子之言，在旁便說道：「據仙姑說得其難其慎，斷不可逆天而行。但梅乃一歲之魁，臨春而放，莫不皆然。何獨嶺上有十月先開之異？仙姑所謂號令極嚴、不敢參差者安在？世間道術之士，以花為戲，佈種發苗，開花項刻。仙姑所謂稽查最密、臨期而放者又安在？他如園叟花傭，將牡丹、碧桃之類，澆肥炙炭，歲朝時候，亦復芬芳呈豔，名曰『唐花』。此又何人發號播令？總之，事權在手，任我施為。今月姊既有所懇，無須推託。待老身再助幾陣和風，成此勝會。況在金母筵前，即玉帝聞之，亦為便加罪。設有過失，老身情願與你分任，何如？」

　　嫦娥對百花仙子的要求是強人所難，很不合理；而風姨不但不加以勸阻，反而慫恿百花仙子做錯事。當然，百花仙子堅持原則，沒有按她們的要求去做。從中可見，風姨在此是不講原則的，但卻很有個性。李汝珍所塑造的風姨形象，就是一個女性風神。

　　第四位是方天君。清黃伯祿所著的《集說詮真》裡介紹了一位民間熟知的男性風神方天君：「今俗塑風伯像，白鬚老翁，左手持輪，右手執篲，若扇輪狀，稱曰：風伯方天君。」這個風神的形象深入人心，在民間廣為流傳。

風既有暴虐的一面，又有和善的一面。人們有時詛咒它，有時又歌頌它。給人們造成災難時，人們強烈地詛咒它；給人們帶來喜悅時，人們熱烈地歌頌它。總的來看，風是人們的朋友，人們是喜愛它的。因此，古代的人們虔誠地祭祀風神。

雨神赤松子

90

雨神是掌管雨水的自然神。雨神又稱為雨師。

古代雨神著名的有五位。

第一位是畢星。東漢蔡邕在《獨斷》裡説道:「雨師神，畢星也。其象在天，能興雨。」這裡説畢星是雨神。畢星就是古代所説的畢宿。畢宿是二十八星宿之一，為西方白虎七宿之第五宿。畢宿共有八顆星，在金牛座。

古人為甚麼祈求雨神？旱災對社會生活影響極大，古人往往束手無策，只得祈禱雨神。西周及春秋列國，將祭祀雨神列為國家祀典，絲毫不敢大意。秦國還專門建造了國家級的雨師廟，定期祭祀，以求得雨神的保佑。據説，當時秦國的「風伯、雨師之屬，百有餘廟」。可見，古人對自然神風神和雨神的敬畏之心。

第二位是屏翳(亦稱玄冥)。在《山海經 · 海外東經》中，郭璞註曰:「雨師，謂屏翳也。」而東漢應劭著《風俗通義》載:「玄冥，雨師也。」這是古代記載雨神的一種説法，可惜沒有更多更詳細的描述。

第三位是商羊。商羊是鳥名，是一位雨神。《三教源流搜神大全》卷七寫道:「雨師神，商羊是也。商羊神鳥，一足，能大能小，吸則溟渤可枯，雨師之神也。」這個神鳥，

一隻腳，可以變化大小，能量很大，能夠吸光渤海之水。這商羊確實是一個神奇的雨師。

《孔子家語‧辯政》裡這樣記載商羊：「齊有一足之鳥，飛集於宮朝，下止於殿前，舒翅而跳。齊侯大怪之，使使聘魯，問孔子。孔子曰：『此鳥名曰商羊，水祥也。昔有童兒屈其一足，振訊兩眉而跳，且謠曰：天將大雨，商羊鼓舞。今齊有之，其應至矣。急告民趨治溝渠，修堤防，將有大水為災。』頃之，大霖雨，水溢泛諸國，傷害民人，唯齊有備不敗。」這個神話故事，主要是描寫了雨師商羊救助百姓的功績，彰顯了雨神的重要作用。

第四位是赤松子。明洪自誠著《仙佛奇蹤》云：「赤松子，神農時雨師，煉神服氣，能入水不濡；入火不焚。至崑崙山，常至西王母石室中，隨風雨上下。炎帝少女追之，亦得仙俱去。高辛時為雨師，間遊人間。」

明末清初學者徐道著《歷代神仙通鑑》（一名《三教同源錄》）描寫的赤松子更為詳細：「（神農時）川竭山崩，皆成砂磧，連天亦幾時不雨，禾黍各處枯槁。有一野人，形容古怪，言語癲狂，上披草領，下繫皮裙，蓬頭跣足，指甲長如利爪，遍身黃毛覆蓋，手執柳枝，狂歌跳舞，曰：『予號曰赤松子，留王屋修煉多歲，始隨赤真人南遊衡嶽。真人常化赤色神首飛龍，往來其間，予亦化一赤虯，追儻於後。朝謁原始眾聖，因予能隨風雨上下，即命為雨師，主行霖雨。』」

綜合以上兩條，可知赤松子是神農或帝嚳時期的雨師。

他神通廣大，法力無邊，能隨風雨上下，入水不濕，入火不焚，常化作赤龍，往來飛舞。由此，引起天帝的注意，即命他為雨師，主管霖雨之事。

第五位是陳天君。據清黃伯祿著《集說詮真》描述，陳天君的形象為「烏髯壯漢，左手執盂，內盛一龍，右手若撒水狀」。這位陳天君不出名，但他的形象卻被民間接受了。

91

火神祝融

火神是中國古代神話傳說中的主管火的自然神。

火神在神話傳說中，著名的有三位。

第一位是祝融。據說，祝融是炎帝的後裔。《山海經‧海內經》記載：「炎帝之妻，赤水之子德沃，生炎居，炎居生節並，節並生戲器，戲器生祝融。」可見，祝融乃炎帝之後裔。祝融的長相如何？《海外南經》記載：「南方祝融，獸身人面，乘兩龍。」可知，祝融是個亦人亦獸的怪物，神通廣大，乘騎兩條龍。西晉郭璞註：「（祝融）火神也。」傳說祝融在衡山一代遊息。他教會了百姓如何取火用火，給百姓的生活帶來前所未有的便利。因此，後世管理火的火正就以他的名字命名。當時，南方有一條火龍作怪，它噴出的烈焰燒毀了百姓的許多財產。祝融乘龍飛去，用神鞭將火龍打死，為民除害。從此，人們祭祀他，祈禱他的幫助。祝融成為中國人心目中的火神。

第二位是閼伯。《左傳‧昭公元年》記道：「昔高辛氏有二子，伯曰閼伯，季曰實沈。居於曠林，不相能也。日尋干戈，以相征討。後帝不臧，遷閼伯於商邱。主辰，商人是因，故辰為商星；遷實沈於大夏，主參，唐人是因，以服事夏商。」這是史書關於火神閼伯的記載。

根據史書記載和民間傳說，可以抒出有關火神閼伯的

情況。

先說說高辛氏。高辛氏是傳說時代的古帝王，就是帝嚳。帝嚳是黃帝的曾孫。帝嚳出生時就是神靈，能夠察微知遠，仁而威，惠而信，修身而天下服。帝嚳作曆法，敬鬼神，節用財物，撫教萬民，四遠皆從。帝嚳是個好帝王。

再說說閼伯哥倆。帝嚳有兩個兒子，哥哥叫閼伯，弟弟叫實沈。哥倆生活在廣袤的森林裡，但是關係很不融洽，幾乎天天武力相見，互相廝殺。後來，帝嚳無法，只得想辦法把哥倆分開。帝嚳將哥哥分封到商邱為火正，主管火事，封號叫商。將弟弟實沈分封到大夏，主管參星。二人後來成為神星。閼伯死後被稱為商星，實沈死後被稱為參星。參星居西方，商星在東方。一個落下時，一個正好升起。兩顆星，出沒永不相見。因此，後來比喻二人久別或兄弟不睦，叫參商。唐朝大詩人杜甫在《贈衛八處士》一詩中寫道：「人生不相見，動如參與商。」其典故就源於此。

最後說說閼伯台。閼伯在封地「商」做火正，忠心耿耿，嘔心瀝血，深受人民愛戴，人民感念他的功德，尊他為火神。閼伯在掌管火事的同時，還築台觀察日月星辰。閼伯以觀察的結果為依據，測定一年自然的變化和作物的收成。閼伯的天文台是我國最早的天文台之一。他死後葬於封地。由於閼伯封號為「商」，他的墓塚也被稱為商丘。今天商丘之地名，亦由此而來。

據宋王明清著《揮麈後錄》云：「太祖皇帝草昧日，客遊

睢陽，醉臥閼伯廟。」是說宋太祖趙匡胤還沒有當皇帝時，曾經到過睢陽，並醉臥在閼伯廟裡。這就說明，至少在五代時閼伯廟就存在了。睢陽是現在商丘市的一個區，即睢陽區。

閼伯台，又稱火星台或火神台。位於商丘古城西南一點五公里處。現存閼伯台如墓狀，高三十五米，周長二百七十米，夯土築成。層層夯土中夾雜不少漢代的瓦片與陶片，由此，閼伯台可能是漢代所築。原來的閼伯台因黃河泥沙多次淤積，隱於現存台下。

閼伯台下的土丘，即閼伯始封之商丘。閼伯台在一望無際的大平原上，顯得高大突兀。此台為古代商丘都城一帶的最高點，再加之古人認為閼伯台的精氣，上關應商星，所以，自古以來，人們都把閼伯台看作是商丘的象徵。閼伯台上現有閼伯廟，為元代建築。廟宇有大殿、禪門、配房、鐘鼓樓。殿宇飛檐走獸，金壁輝煌。明清以來，幾經修葺。1981年又重修。每年陰曆五月初七，方圓數百里的民眾前往朝拜，謂之朝台，至二月初二方止。朝台趕會者每天多達數萬人。

第三位是火德星君羅宣。這是《封神演義》中姜子牙任命的。姜子牙命道：「敕封爾（羅宣）南方三氣火德星君正神之職，加領本部五位正神，任爾施行，巡查人間之善惡，以降天上之災祥，秉政無私。爾其欽哉！」火部五位正神的名號依次為尾火虎朱招、室火豬高震、觜火候方貴、翼火

龍玉蛟、接火天君劉環。至此，火德星君加上五位正神，這六位火神構成了一個火神組合，協助太上老君處理天下關於火的事宜。

清代皇帝對祭祀火神，十分在意。乾隆帝就自己或遣人按時祭祀火神。《清高宗實錄》記載，乾隆元年六月二十三日丙戌（1736 年 7 月 31 日），乾隆帝即遣官祭火神廟。類似記載，不勝枚舉。

92

河神人面魚身

河神是指黃河的水神河伯。河伯，也稱冰夷、馮夷和無夷。唐段成式著《酉陽雜俎》云：「河伯人面，乘兩龍。一日冰夷，一日馮夷，又日人面魚身。」晉葛洪云：「馮夷以八月上庚日渡河溺死，天帝署為河伯。」這是說，河伯是個溺水而亡的溺死鬼。西晉司馬彪著《清冷傳》云：「（馮夷）華陰潼鄉堤首人也，服八石，得水仙，是為河伯。」這是說，馮夷在水中得到水仙的仙氣，而變成了河伯。

河伯的長相怎樣呢？有的說是「人面」；有的說是「人面魚身」；有的說是「人面牛身」；有的說是「牛首人面」；有的說是「白面長人魚身」。戰國尸佼著《尸子》云：「禹理水，觀於河，見白面長人魚身，出日：『吾河精也。』授禹圖而還於淵中。」

這些關於長相的傳說，比較貼切的是「人面魚身」，因為河伯是游弋在水中，總是跟魚有關聯的。

對河伯的形象記載，當屬屈原的《楚辭·九歌·河伯》：「與女游兮九河，衝風起兮橫波，乘水車兮荷蓋，駕兩龍兮驂螭。」原來把「女」讀成「汝」，意指河伯；聞一多《楚辭校補》認為，「女」當為河伯樂所從游之少女，較為合理。此

段語義為：「和女同游啊滔滔九河，衝鋒破浪啊滑過水波。如乘水車啊荷葉當蓋，駕兩金龍啊自由快活！」這似乎是關於河伯的最早的文學描寫。

河伯不是正義之神，而是邪惡之神。在古代神話傳説中，他是個個性卑劣、好勇鬥狠、飛揚跋扈、貪色戀淫之徒。

《史記》中有河伯娶婦的記載。《史記‧滑稽列傳》：

魏文侯時，西門豹為鄴令（縣長）。豹往到鄴（今河北省臨漳縣），會長老，問之民所疾苦。長老曰：「苦為河伯（河神）娶婦，以故貧。」豹問其故，對曰：「鄴三老、廷掾常歲

河神像

賦斂百姓，收取其錢得數百萬。用其二三十萬為河伯娶婦，與祝巫共分其餘錢持歸。當其時，巫行視小家女好者，云是當為河伯婦，即娉（同聘）取。洗沐之，為治新繒綺縠衣，間居齋戒；為治齋宮河上，張緹絳帷，女居其中。為具牛酒飯食，十餘日。共粉飾之，如嫁女床席，令女居其上，浮之河中。始浮，行數十里乃沒。其人家有好女者，恐大巫祝為河伯取之，以故多持女遠逃亡。以故城中益空無人，又困貧，所從來久遠矣。民人俗語曰：『即不為河伯娶婦，水來漂沒，溺其人民云。』」西門豹曰：「至為河伯娶婦時，願三老、巫祝、父老送女河上，幸來告語之，吾亦往送女。」皆曰：「諾。」

至其時，西門豹往會之河上。三老、官署、好長者、里父老皆會，以人民往觀之者三二千人。其巫，老女子也，已年七十。從弟子女十人所，皆衣繒單衣，立大巫後。西門豹曰：「呼河伯婦來，視其好醜。」即將女出帷中，來至前。豹視之，顧謂三老、巫祝、父老曰：「是女子不好，煩大巫嫗（大巫婆）為入報河伯，得更求好女，後日送之。」即使吏卒共抱大巫嫗投之河中。有頃，曰：「巫嫗何久也？弟子趣（催促）之！」復以弟子一人投河中。有頃，曰：「弟子何久也？復使一人趣之！」復投一弟子河中。凡投三弟子。西門豹曰：「巫嫗、弟子是女子也，不能白事（白事，稟報事情），煩三老為入白之。」復投三老河中。西門豹簪筆磬折（形容西門豹裝出恭敬的樣子），向河立待良久。長老、

吏、旁觀者皆驚恐。西門豹顧曰：「巫嫗、三老不來還，奈之何？」欲復使廷掾與豪長者（地方豪紳）一人入趣之。皆叩頭，叩頭且破，額血流地，色如死灰。西門豹曰：「諾，且留待之須臾。」須臾，豹曰：「廷掾起矣。狀河伯留客之久，若（你們）皆罷去歸矣。」鄴吏民大驚恐。從是以後，不敢復言為河伯娶婦。

此中的河伯即指河神。這個河神被愚昧的人們利用了。官府與巫祝、豪紳相互勾結，魚肉百姓，百姓苦不堪言。清官西門豹到任，即巧妙地利用這個為河伯娶婦的醜惡罪行，以毒攻毒，狠狠地打擊了魚肉百姓的惡勢力，為民除害，大快人心。同時，西門豹帶領全城老百姓挖河修壩，根除水害。漳河兩岸年年豐收，人們都非常感激西門豹。

93

山神黃天化

山神是傳說中的高山大嶺的自然神。中國典籍中提到的山神很多，幾乎每座名山都有自己的山神。其中，級別最高的山神是黃天化。

黃天化是個少年英雄。他在同商紂的戰鬥中立下了汗馬功勞。

當時，商營擁有四員戰將，即魔家四兄弟：魔禮青、魔禮紅、魔禮海、魔禮壽。這四兄弟武功了得，還都擁有絕殺法器。因此，兩相交鋒中，周營屢屢敗下陣來，甚至姜子牙親自出馬，也沒有勝算。在強大的敵人面前，周武王和姜子牙陷入了深深的苦悶之中。「君臣悶坐，彼此暗暗為難，想不出良謀妙計，怎能退去商營這支人馬」。

他們的愁苦，驚動了青峰山紫陽洞清虛道德真君。他掐指一算，知道姜太公被魔家四將困於岐山關，遂決定特派徒孫黃天化下山，解燃眉之急。黃天化領命，手抱兩柄銀錘，腰揣法器鑽心釘，乘騎怪獸玉麒麟，騰雲駕霧，飛到了岐山關周營。

魔家四將見黃天化只是一個十多歲的少年郎，更加傲慢狂妄。在同黃天化對陣時，魔禮青輕蔑地呼道：「幼兒，問吾等姓名，聽真！老爺姓魔，雙名禮青，二爺禮紅，三爺

禮海，四爺禮壽。在紂王駕下稱臣，官拜佳夢關權衡。今奉旨領兵在此安營，爾等何名，報將上來，也好在疆場廢命。」

但是，就是這個看似不起眼的「幼兒」，卻在幾個回合中，先後將魔家四將斬首，破解了岐山關的圍困，取得了輝煌的勝利。

由此，黃天化進入了功臣榜，得到了重要的冊封，成為管領三山正神丙靈公。他的手下還有五嶽正神，即五嶽之首東嶽泰山天齊仁聖大帝黃飛虎、南嶽衡山司天昭聖大帝崇黑虎、中嶽嵩山中天崇聖大帝聞聘、北嶽恆山安天玄聖大帝崔英、西嶽華山金天順聖大帝蔣雄。

古時，進山人對山神執禮甚恭。以採藥人為例，進山前須齋戒五十日。進山時須「牽白犬，抱白雞」，以博得山神喜歡，將芝草玉藥寶玉奉獻出來。離山百步遠時，要呼喊山王名「林林央央」，確保百邪不近身。採藥人要熟知進山的禮節，只有這樣，才能得到山神的庇佑，取得預期的效果。

海神媽祖

海神是中國東南沿海和海外華人供奉的海洋保護神。又稱媽祖、天妃、天后、天妃娘娘、天上聖母等。道教《太上老君説天妃救苦靈驗經》稱，太上老君封媽祖為「輔斗昭孝純正靈應孚濟護國庇民妙靈昭應弘仁普濟天妃」。

有關媽祖的記載，大約起於北宋。媽祖出生於仕宦之家，是福建晉代晉安郡王林祿的二十二世孫女，是當地的望族。她原名林默。媽祖父親都巡檢林惟愨（一説林願），母親王氏，二人多行善積德。

一天晚上，王氏夢見觀音大士慈祥地對她説：「你家行善積德，今賜你一丸，服下當得慈濟之賜。」於是，王氏便懷了孕。到宋太祖建隆元年（960）三月二十三日傍晚，王氏將近分娩，見一道紅光，從西北射入室中，紅光滿室，異氣氤氳。王氏感到腹中胎動，媽祖降生。因生得奇，甚為疼愛。她出生至滿月，一聲不哭，因此，父親給她取名「默」。

林默八歲就讀私塾，喜燒香禮佛。十三歲得道典秘法。十六歲觀井得符，能佈席渡海救人。升化以後，有禱輒應。自宋徽宗宣和（1119—1126年在位）以後，兩宋間先後敕封達九次。其封號，南宋光宗紹熙（1190）由「夫人」進爵為「妃」。元世祖時又進爵為「天妃」。清聖祖康熙時再進爵為

「天后」，並載入國家氾典。據說，自宋至清，七百餘年間，帝王對媽祖的冊封多達四十餘次，封號累計竟有五十多字。如「輔國護聖」「護國庇民」「宏仁善濟」等。

媽祖之主要神跡是救濟海上遇難之生民。據傳，媽祖有隨從千里眼、順風耳，能解救人於千里之外。媽祖常穿朱衣，乘雲遊於島嶼之間。如果海風驟起，船舶遇難，只要口誦媽祖聖號，媽祖就會到場營救。《太上老君說天妃救苦靈驗經》稱，媽祖所救就是「翻覆舟船，損人性命，橫被傷殺，無由解脫」。

媽祖是一位偉大的導航使者。她經常為海上迷航的船隻指點方向。相傳鄭和下西洋時，途經福建洋面遇到風暴，海上濁浪滔天，船隻顛簸搖蕩，船工們茫然不知所向。鄭和想起海神媽祖，仰天禱告。禱告畢，只見在船頭隱約出現了一盞紅燈，媽祖信步浪尖從容導航。於是船隊緊跟前進，脫離危險進入避風港。

後來，媽祖之職能略有擴大。《太上老君說天妃救苦靈驗經》還稱：「若有行商坐賈，買賣積財，或農工技藝，種作經營，或行兵佈陣，或產難，或疾病，但能起恭敬心，稱吾名者，我即應時孚感，令得所願遂心，所謀如意。」因此，民間亦有以媽祖為送子娘娘的。

宋太宗雍熙四年（987），媽祖時年二十七歲。在重陽節的前一天，媽祖對家中人說：「我心好清淨，不願居於凡塵世界。明天是重陽節，想去爬山登高，預先和你們告別。」大家都以為她要登高遠眺，不知將成仙。

第二天早上，媽祖焚了香，念了經，與諸姐說：「今天要登山遠遊，實現自己的心願。但道路難走而且遙遠，大家不得與我同行。」媽祖於是告別諸姐，直上湄峰最高處。這時，只見湄峰頂上濃雲四合，一道白氣衝上天空。媽祖乘長風，駕祥雲。忽然彩雲閉合，不可復見。福建莆田湄洲人仰頭望去，無不唏噓驚歎。

此後媽祖經常顯靈，鄉親們時常能看到她在山岩水洞之旁，或盤坐於彩雲霧靄之間，或朱衣飛翔海上。常示夢救急扶危，在驚濤駭浪中拯救過許多漁舟商船；她立志不嫁，慈悲為懷，專以行善濟世為己任。

中國東南沿海的媽祖廟數以千計，但稱得上媽祖廟之首的當數天后故里福建莆田湄州祖廟。此廟創建於宋太宗雍熙四年（987），有千年歷史。祖廟規模宏偉，富麗堂皇。廟宇前臨大海，潮汐吞吐，激響回音，有「湄嶼潮音」之譽。農曆三月二十三日是媽祖誕辰，朝拜者人山人海，還有台灣「湄州媽祖進香團」前來進香，香客多達數十萬。

台灣的媽祖廟有五百一十座，其中北港的朝天宮是最負盛名的一座。北港朝天宮是台灣最古老的媽祖廟，建於清聖祖康熙年間，有三百年歷史。這裡的媽祖像是由湄州請來的，故被認為是莆田湄州媽祖廟的「分靈」。因此，每隔幾年都要抬着媽祖神像到湄州掛香一次，表示對媽祖的崇拜和對祖宗的懷念。朝天宮在全台香火最盛，每逢媽祖誕日，進香人數竟超過百萬。媽祖信徒人數之多、香火之旺，至今亦然。

95

瘟神呂岳

瘟神也稱疫神，或作瘟鬼、疫鬼、五瘟使者。中國古代神話中的降瘟之神。

瘟神古代傳說中有三個版本。

第一個版本。東漢蔡邕著《獨斷》記載：「帝顓頊有三子，生而亡，去為鬼：其一居江水，是為瘟鬼；其一居若水，是為魍魎；其一者居人宮室樞隅處，善驚小兒。」這是說，顓頊帝有三個兒子，剛生下來，就不幸夭亡，變成了厲鬼。其中一個居住在江水，變成瘟鬼；其中一個居住在若水，變成怪鬼；其中一個居住在宮室門軸底下，變成驚嚇小兒的惡鬼。可知，瘟鬼是顓頊帝三個兒子中的一個變成的。

第二個版本。隋唐時代出現了五瘟神的說法，五瘟神也叫五瘟使者。這種說法來自《三教源流搜神大全》卷四：「昔隋文帝開皇十一年六月內，有五力士現於凌空三五丈于余，於身披五色袍，各執一物。一人執杓子並罐子，一人執皮袋並劍，一人執扇，一人執錘，一人執大壺。帝問太史居仁曰：『此何神？主何災福也？』張居仁奏曰：『此是五方力士，在天為五鬼，在地為五瘟使者。春瘟張元伯，夏瘟劉元達，秋瘟趙公明，冬瘟鍾仕貴，總管中瘟史文業。』帝乃立祠，詔封五方力士為將軍。後匡阜真人遊至此祠，即收復五

瘟神為部將也。」

　　瘟神本來是為害地方、製造瘟疫的兇神惡煞，這五瘟神也是如此。他們每人都手執法器，威力廣大。隋文帝意在令他們改邪歸正，造福黎民，即詔封五方力士為將軍。其中青袍力士封為顯聖將軍，紅袍力士封為顯應將軍，白袍力士封為感應將軍，黑袍力士封為感成將軍，黃袍力士封為感威將軍。於是，隋唐之際，人們都在農曆五月五日祭祀瘟神。後來正神匡阜真人用法力將這五瘟神收服為部將，稱五瘟使者，變害為福了。

　　其實，據說這五瘟神是有些來歷的。據《管子・輕重甲》說：「昔堯之五吏五官，無所食，君請立五厲之祭，祭堯之五吏。」五厲之厲，就是癘，五厲就是五種疫癘之神。五厲據說就是隋唐時期的五瘟神。因此，五瘟神來歷是很久遠的，在遙遠的堯帝時代就存在了。

　　第三個版本。這個說法來自明許仲琳著《封神演義》。《封神演義》中姜太公封呂岳為主瘟　昊天大帝之職。其手下還有六位正神：東方行瘟使者周信、南方行瘟使者李奇、西方行瘟使者朱天麟、北方行瘟使者楊文輝、勸善大師陳庚和瘟道士李平。這就是說，瘟神是呂岳，他手下還有東西南北四位行瘟使者。

96

路神即祖神修

路神是古人信仰中保障旅行安全之神。路神又稱行神、道神、祖神。路神究竟是誰,眾說不一,大體有三種說法。

第一種說法,是共工之子修。東漢應劭著《風俗通義》卷八:「共工之子曰修,好遠遊,舟車所至,足跡所達,靡不窮覽,故祀以為祖神。」看起來,這位修,是個不知疲倦的旅行家。他或乘車,或步行,遊覽了很多地方。因此,他死後,古人祭祀他,稱他為愛好遊歷的祖神,以期得到他的保佑。

第二種說法,是黃帝之妻嫘祖。唐王瓘著《軒轅本紀》云:「帝周遊行時,元妃嫘祖死於道,帝祭之以為祖神。」這是說,黃帝遍遊天下考察時,元妃嫘祖陪同,勞累過度,不幸死在道上。黃帝傷心至極,將其妻嫘祖作為祖神加以祭祀。

第三種說法,是黃帝之子累祖。元脫脫等著《宋史·禮志》註引崔寔《四民月令》云:「祖,道神也。黃帝之子曰累祖,好遠遊,死道路,故祀以為道神,以求道路之福。」這是說,祖,就是道神。黃帝的兒子叫累祖,喜好遠遊,不幸死在旅遊的道路上。因此,就尊奉累祖為道神,以求旅遊

時得到累祖的福佑。

　如今，路神在中國已經成為抽象神，但在日本農村卻能時常發現其身影。

97

牛王動物守護神

牛王即牛神，是古人崇拜的動物神，人間動物的守護神。

牛王的來歷？古代傳說有二。

一說是一株大梓樹。

據唐代志怪小說集《列異傳》記載，公元前739年，秦文公派人到南山伐樹。伐樹進展順利，但遇到了一株特殊的大梓樹，很棘手。這株樹很是奇怪，隨砍隨合，根本伐不倒它。秦文公不信邪，立即加派四十餘個身強力壯者，不停歇地輪流砍伐，然而仍然不見效，還是砍不倒，人們只得暫時撤下去休息。一個力工，因腳上受了傷，沒有離開，躺在樹下休息。

到了晚間，這位力工忽然聽到說話聲，感到十分詫異。他屏住呼吸，仔細傾聽。只聽到似乎無影無形的兩個鬼，互相調侃。甲鬼悻悻地說：「秦文公是不會善罷甘休的，還是要來砍伐。」乙鬼毫無懼色，洋洋自得地答道：「嘻嘻，我不怕，諒他也沒有甚麼高招，他能把大爺我怎麼樣呢？」甲鬼沉默了一會兒，瞧瞧四周，像怕被人聽到似的悄悄問道：「他要是穿上紅色的衣服，動用紅色的土灰呢？」乙鬼像被人點到了軟肋，一下子沉默了，不知如何是好。這位力工聽

明白了，原來這株大梓樹，最怕紅衣赤灰。

力工立即把自己聽到的秘密，以最快的速度報告了秦文公。秦文公大喜，立即派人找來了赤灰，並讓砍樹的力工全都穿上紅色的衣服，以彰顯威力。砍樹時，砍開一個口子，趕忙塞上赤灰。以此類推，如法炮製，十分奏效，很快就把這株不屈服的大梓樹砍倒了。

大梓樹很快變化成了一頭雄壯的黃牛，跳入水中，逃跑了。這頭牛，就是不輕易屈服的牛王。以此，秦文公特為此牛立祠祭祀，這就是牛王的來歷。從中可知，牛王原來是一株大梓樹。

二說是名人冉伯牛。

冉伯牛，姓冉名耕，字伯牛，孔子的學生。冉伯牛道德高尚，聞名遐邇。其德聲僅次於顏淵、閔子騫，排在冉雍之前。他大概是冉雍的叔伯之輩，同冉雍一個宗族。他的史料，歷史流傳很少，《論語》中也僅此一句：

伯牛有疾，子問之，自牖執其手，曰：「亡之，命矣夫！斯人也而有斯疾也！斯人也而有斯疾也！」

伯牛不幸生病了，得了怪病。孔子探望他的時候，不能進屋，只能從窗戶把手伸進去，握住他的手，悲痛地說：「你快要不行了，這就是命啊！如此品德高尚的人竟然也會得這種病啊！如此品德高尚的人竟然也會得這種病啊！天道太不公了！」孔子心如刀絞，痛苦萬分。冉伯牛得的究竟是甚麼病，不得而知，大概是傳染病之類的疾病。

就是這位冉伯牛，居然成了神話中的牛王。有一個傳說故事，叫「冉伯牛計懲貪官」，講到了冉伯牛變成牛王的經過。話說從前，平利縣來了一位貪官。此君嘴特饞，愛吃牛肉，而且專愛吃千斤以上的肥牛。三年過去了，縣裡千斤以上的肥牛，幾乎讓他吃光了。為了滿足他自己的口福，他命令衙役們到牛王山去繼續搜索肥牛。

牛王山確實名不虛傳，藏有肥牛。牛王山還有一頭特大號肥牛，人們給牠起了個綽號，叫「金牛王」。這金牛王是牛王村金老漢的心肝寶貝。衙役們探得這個情報，心中大喜，趕忙回來報告縣令。縣令急不可耐，翌日清晨，就帶着衙役，到金老漢家來拉牛。但到金老漢家一看，不見了金牛王的蹤影。縣令大怒，命衙役們輪番拷打金老漢一家老小，逼問口供。此時，奇跡出現了，金牛王突然從天而降。縣令大驚，繼而大喜，忙命衙役上前捉拿。那牛不慌不忙，向大山跑去。

縣令帶人追進大山。此時，怪異的現象出現了。只見樹林中，一下子突然湧出許多牛頭力士，奇形怪狀，張牙舞爪，令人驚恐。它們將縣令和衙役團團圍住。縣令和衙役動彈不得，十分緊張。原來金牛王夜裡逃跑後，直奔牛神廟告狀。牛神王得知情況，設計將這幫歹人引誘上山，進行懲罰。

只見天空飛沙走石，牛神王駕雲而至，從天而降。他牛頭人身，金盔金甲，面目猙獰，怒目圓睜，吼聲如雷，怒

斥縣令道：「你身為父母官，卻只顧自己的口福，不察民苦，殘殺耕牛，禍害百姓，實在可恨！今懲罰爾等均變成耕牛，為民出力，將功贖罪！」

牛神王將手一揮，頓時飛來幾十張牛皮。這些牛皮正好是縣令宰殺的那些耕牛的牛皮。牛神王向這些牛皮輕輕地吹了一口法氣，牛皮霎時飛將起來，紛紛包裹在縣令和衙役的身上。縣令和衙役頓時變成了地地道道的耕牛了。

據說，這位神通廣大的牛神王，就是孔子的弟子冉伯牛。因為冉伯牛名耕，傳說他喜歡農耕，熱愛耕牛，所以玉皇大帝將他封為牛神王，專門掌管人間飼牛、耕作之事。冉伯牛本來是一位謙謙君子，是一位儒生。但自從成為牛神王之後，他的形象就變成了「牛頭人身，金盔金甲」的力士模樣了。

牛王的誕辰，因地域的不同，日期也有不同。第一種說法，四月初八日是牛王誕辰；第二種說法，七月二十五日是牛王誕辰；第三種說法，十月初一日是牛王誕辰。逢到牛王日，家家給耕牛餵食細料，免耕家休，並祭拜牛王，以祈望牛王保佑。

牛王得到民間的祭拜，是老百姓保佑家畜平安的一種精神寄託。

龍王興雲降雨

龍王是傳說中掌管興雲降雨的動物神。

中國古代典籍最早記載龍王的大概是宋代佛道名書《太平廣記》。其「震澤洞」條云:「震澤中,洞庭山南有洞穴,深百餘尺,旁行升降五十餘里,至一龍宮。蓋東海龍王第七女掌龍王珠藏,小龍千餘衛護此珠。」這裡首次提到了「東海龍王」,首次提到了「龍王第七女」,首次提到了「小龍千餘」。

明代作家吳承恩的小說《西遊記》讓龍王廣為人知。《西遊記》中龍王的海底世界有「龍子、龍孫、蝦臣、蟹士、鮋軍師、鱖少卿、鯉太宰」等,五光十色,異彩紛呈。龍王興風雨時,違了玉帝敕旨,犯了天條,因此,在夢中被唐太宗的宰相魏徵斬首。孫悟空又大鬧東海,將老龍王的看家之寶天河定底神針收為己有,變成如意金箍棒。作者將龍王擺到以上諸自然神之上,給以特殊的地位。《西遊記》裡的龍王,不僅東海有,西海、南海、北海亦有,進而至於河、潭也有了。龍王之所以家喻戶曉,婦孺皆知,得益於《西遊記》的廣為流傳。

明代作家吳元泰的小說《東遊記》,又使龍王的神話更加深入人心。《東遊記》專敘八仙過海同龍王大戰的故事,

山東省威海市
劉公島龍王廟龍王像

情節跌宕起伏，內容富於情趣。這就使龍王的神話故事愈發豐滿厚重。其實，細細考來，龍王的神話傳說是來自西域，本來是佛經裡幻想出來的。

佛教《華嚴經》上說，龍王共有十名，一是毗樓博義龍王，二是娑婆龍王，三是雲音妙幢龍王，四是焰口海光龍王，五是普高雲幢龍王，六是德義迦龍王，七是無邊步龍王，八是清淨色龍王，九是普運大聲龍王，十是無熱腦龍王。他們負責興雲佈雨，是神通廣大的自然神。

道教也有關於龍王的說法。說有諸天龍王、四海龍王、五方龍王等，奉元始天尊、太上道君的旨意，負責普天施雨的農耕大事。

佛教典籍記載，龍王逐漸增多：十光明龍王，百光明龍王，八十億龍王。就是說，凡是有水的地方，無論是江河湖海，還是淵塘井窪，莫不駐有龍王。龍王職司該地水旱豐歉。因此，百姓一遇水旱災害，就要祈求龍王，以致大江南北，龍王廟到處林立。

99

藥王邳彤

　　民間傳說的藥王是指漢朝的邳彤。邳彤（？—30），字偉君，西漢信都（今河北冀州市）人，是東漢開國皇帝劉秀部下二十八將之一。新朝王莽時任和成卒正（太守）。劉秀巡行河北，邳彤舉城投降，做了和成太守。力主據河北，平天下。從擊王郎，拜為後大將軍，並兼和成太守。後來攻佔邯鄲，封武義侯。建武元年（26），更封靈壽侯，具體做大司空事。後任太常、左曹侍中等職，常從征戰。

　　邳彤輔佐劉秀打天下，英勇善戰，忠心耿耿，且足智多謀，為創立和捍衛東漢江山立下了不朽功勳，官至太常。太常是漢朝九卿之首。九卿是：太常、光祿勳、衛尉、太僕、廷尉、大鴻臚、宗正、大司農、少府。邳彤酷愛醫學，精通醫理，用自己的醫術為民醫病，頗受軍民擁戴，死後葬於祁州南門外。如今，邳彤墓仍在祁州即今天的河北省保定市安國市藥王廟內，任人憑弔。

　　藥王廟的來歷，有一個神話傳說。相傳宋秦王得疾，久治不愈，邳彤顯靈治癒。宋秦王問其姓名，告之「祁州南門外人也」。「遣使即其地，始知為神」，遂封王建廟祀之。宋徽宗建中靖國元年（1101），趙佶加封邳彤為侯，後改封公。

宋度宗咸淳六年（1270），趙　又加封為明靈昭惠顯佑王。隨着帝王對邳彤的不斷封賜，藥王影響越來越大。

明成祖永樂二年（1404），仿照宋代臨安（今浙江杭州）的藥王廟，以邳彤墓為中心，擴建藥王廟。經明、清兩代歷次修葺，始成為現在的規模。藥王廟建築群佔地三千二百多平方米，坐東向西，結構嚴整，樓閣錯落。

懸掛於山門之上的「藥王廟」匾額，乃清乾隆時東閣大學士劉墉題寫。藥王墓在藥王廟的中院。墓為亭式，琉璃瓦頂，富有民族特色。墓亭內竪有高三點八米的透雕木質墓碑，墓碑上書有「敕封明靈昭惠顯祐王之墓」。墓碑附近，碑碣林立，有幾十塊之多，有的碑上鐫刻着古藥方藥的知識，十分珍貴。

如今，藥王廟不僅是旅遊勝地，藥王廟所在城市安國市還是藥材集散地。當地每年農曆四月二十八日，都舉行藥材廟會。屆時客商雲集，十分熱鬧。安國市也因此獲得「藥都」和「天下第一藥市」的美譽。

100

蟲王劉錡

蟲王是中國農村驅除蟲害、呵護莊稼的保護神，也稱蟲神。

這個保護神是鳥，還是人？多年來，一直存疑。大體有二說，一為鳥説，一為人説。

鳥説。這種鳥保護神叫鵁，是古書上説的一種水鳥，頭和頸上都沒有長毛。據南宋洪邁著《夷堅支志》記載：「紹興二十六年，淮、宋之地將秋收，粟稼如雲，而蝗蟲大起。未幾，有水鳥名曰鵁，形如野鶩高且大，月豆有長喙，可貯數斗物，千百為群，更相呼應，共啄蝗。才旬日，蝗無孑遺，歲以大熟。徐泗上其事於虜廷即金朝，下制封鵁為護國大將軍。」金朝時期，淮、宋之地發生蝗災。由於正值收穫之際，人們叫苦不迭，卻束手無策。這時，成群的鵁鳥飛來，吃掉蝗蟲，保護了莊稼。於是，金朝政府封鵁為護國大將軍。鵁鳥成了民間祭祀的蟲王。

人們把鵁鳥當成保護神，説明了人類對自然的敬畏。這裡洋溢着人類對自然的感恩之心和感激之情。

人説。這種説法出自清代著名學者袁枚。他説：「蟲魚皆八蠟神所管，只須向劉猛將軍處燒香求禱，便可無恙。」這裡提到的八蠟神，須加解釋。蠟，是古代一種年終祭祀。八蠟，是指古代的八種農事，即祭祀、耕作、築堤、疏浚、

修屋、畜牧、造酒、治蟲八個方面的農事，也特指農曆十二月舉行的祭祀活動。這是說，蟲王是劉猛將軍。

這裡的劉猛將軍，並不是姓劉名猛，而是一位姓劉的勇猛將軍。這位猛將軍，還不能一時認定。有五種說法：劉合、劉錡、劉銳、劉宰和劉承忠。學者認為，這五位將軍中能夠和蟲王靠譜的，還是劉錡。

劉錡是南宋的抗金名將，打敗了金兀朮的金軍，卻被奸相秦檜排擠出京城，做了地方官。他在任上，恰逢百年不遇的大蝗災。劉錡殫精竭慮，千方百計地滅蝗，保住了莊稼。宋理宗趙昀敕封他為揚威侯暨天曹猛將之神。這裡的「猛將」就是猛將軍之意。此後，各地立祠設廟祭祀劉錡。當時的劉猛將軍廟上有一副對聯，也點明了蟲王是劉錡：

臥虎保岩疆，

狂寇不教匹馬還；

驅蝗成稔歲，

將軍合號百蟲來。

這副對聯，上聯是說，如臥虎般劉錡的軍隊死保邊疆，來犯的金寇，一匹馬也別想回去；下聯是說，任地方官的劉錡驅蝗成功獲得豐收，聽到將軍的號令，各種各樣的益蟲都飛來了。上聯是在歌頌劉錡軍事上的勝利，下聯是在讚揚劉錡農事上的成功。

清高宗乾隆皇帝曾於 1742 年 4 月 23 日，親詣北京劉猛將軍廟行禮。從史料來看，為農業豐收而祭祀劉猛將軍，

是清乾隆時期的一個社會常態。但乾隆皇帝祀神不唯神，據《清高宗實錄》記載，他在十年後的一道諭旨裡說：「唯信劉猛將軍之神，祈禳可免，愚說實不足憑……然民情亦當順之。彼祀神固不害我之捕蝗也，若不盡力捕蝗，而唯恃祀神，則不可耳。」從這段話中，我們既可以看出劉猛將軍在當時社會的影響力，也更佩服乾隆皇帝的「不可唯恃祀神」的態度。

責任編輯	陳 菲
書籍設計	彭若東
排　　版	肖 霞
印　　務	馮政光
書法題寫	都旭星

書　　名	民間百神
叢書名	中國民間崇拜文化叢書
作　　者	徐 徹　陳泰雲
出　　版	香港中和出版有限公司 Hong Kong Open Page Publishing Co., Ltd. 香港北角英皇道499號北角工業大廈18樓 http://www.hkopenpage.com http://www.facebook.com/hkopenpage http://weibo.com/hkopenpage Email: info@hkopenpage.com
香港發行	香港聯合書刊物流有限公司 香港新界荃灣德士古道220－248號荃灣工業中心16樓
印　　刷	美雅印刷製本有限公司 香港九龍官塘榮業街6號海濱工業大廈4字樓
版　　次	2020年1月香港第1版第1次印刷 2022年1月香港第1版第2次印刷
規　　格	32開（130mm × 190mm）376面
國際書號	ISBN 978-988-8570-90-4

© 2020 Hong Kong Open Page Publishing Co., Ltd.
Published in Hong Kong

本書由上海三聯文化傳播有限公司授權本公司在中國內地以外地區出版發行。